応仁元年(1467)の建造と伝えられていた
西京神人・川井家の住宅

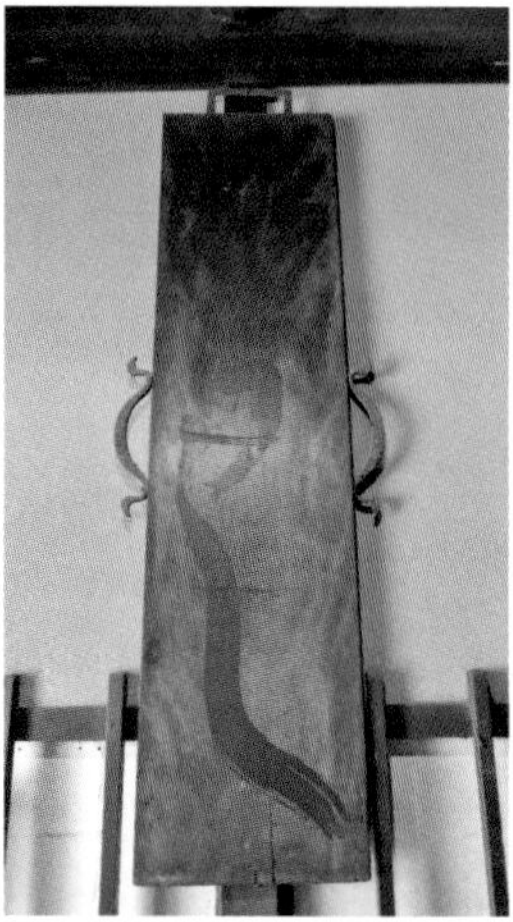

左上：酒壺　**右上**：「かうし(麹)」の看板　**下**：秤
(川井家に保存されていた麹業に関わる資料)

口絵写真提供：西村豊氏(撮影 2014 年)

三枝暁子
Akiko Mieda

日本中世の民衆世界

——西京神人の千年

岩波新書
1942

はじめに

闘う神人たち

文安《ぶんあん》元年(一四四四)四月の京都。「西京神人《にしのきょうじにん》」と呼ばれる人々が武装し、北野天満宮に立て籠もった。時あたかも、嘉吉《かきつ》の乱(一四四一年)ついで足利将軍の代替わり(一四四二年)などによって市中が混乱するさなかのこと。神人とは、中世の商工業者の身分呼称であり、とくに神社と結びついた商工業者をさす言葉である。

神人たちが立て籠もった北野天満宮の記録によれば、神人の閉籠《へいろう》をとくため、管領《かんれい》の畠山持国《はたけやまもちくに》が侍所頭人《さむらいどころとうにん》(京都の治安維持にあたる室町幕府侍所の長官)の京極持清《きょうごくもちきよ》と侍所所司代《しょしだい》(侍所頭人の代官)多賀出雲入道《たがいずもにゅうどう》に命じて、立て籠もる神人を討とうとした。その結果、数時間にわたる合戦となり、「寄手《よせて》の神人」が大勢討たれるとともに、経蔵の内側から火がかけられ、社殿が炎上したという(『北野社家《しゃけ》日記』第七巻)。

この合戦・炎上に至る経過については、朝廷の官人中原康富《なかはらやすとみ》の書いた日記にも詳述されており、西京神人が「千日籠《ごもり》」と称して北野天満宮に閉籠したことが見えている。このような事態を受け、四月一三日、管領畠山持国が閉籠している神人を捕らえようとしたところ、西京神人の「余党」が北野天満宮の西の僧坊へ乱入し、社殿を焼き払ったため、合戦へと発展した。侍所の京極持清の軍勢も出動したものの、負傷者が多く出たりその場で討ち死にしたりする者がいたという。西京神人も、「自焼」すなわち自ら家を焼いて逃亡していった結果、西京は焼け野原になったという。合戦の場となった北野天満宮では、神輿《みこし》二基と宝物がかろうじて救出され、社僧坊に安置されたものの、社殿は焼け、死体も残る悲惨な状況となった（『康富記《やすとみき》』四月一三日条）。

北野天満宮と西京神人との関係や、この殺伐とした騒動――文安の麴《こうじ》騒動と呼ばれている――については、あとで詳しく触れることにしよう。ここで重要なのは、中世という時代においては、武力を行使したのが武士に限らなかったことである。僧侶や神職者、商工業者・農民、さらには「非人」とよばれた被差別民に至る人々までが、紛争解決の手段として武力を行使する。それが中世という時代であった。

中世を捉え直す

それでは現代日本に生きる私たちにとって、「中世」という時代は、どのような意味をもつ時代なのだろうか。

中世といえば、一般には、源平の内乱(一一八〇〜一一八五年)をへて鎌倉幕府が成立する、武士の活躍した時代として知られていよう。実際に、将軍や将軍に仕える武将、あるいは大規模な戦乱を扱った書籍やドラマは、絶えず人気を集めている。歴史教科書における中世の主役も、将軍や執権《しっけん》、あるいは守護《しゅご》・地頭《じとう》といった武士たちであり、南北朝内乱(一三三六〜一三九二年)や応仁の乱(一四六七〜一四七七年)などの大乱をへた先には戦国大名の割拠する時代が描かれる。一方で、あいつぐ戦乱や飢饉に民衆はあえいでおり、そうした民衆を救うため、「鎌倉仏教」が生まれ、新たな信仰と文化を開花させていく……。中世とは、このような時代として認識されているように思われる。

確かに、中世は武士が活躍した時代であり、新たな信仰の生まれた時代であった。しかし、当然のことであるが、中世に生きた人々のすべてが武士であったわけではなく、また中世に生きた民衆のすべてが、救われるべきものとしてのみ存在したわけでもない。また、武士の活躍した時代というのは、言い換えれば武力・軍事力という暴力が支配・統治のもっとも有効な手段として行使された時代を意味した。重要なのは、武力を行使したのが武士に限らなかったことで、先述したように、中世においては、僧侶や神職者、商工業者・農民・被差別民のいずれもが紛争解決の手段として武力を行使した。そしてその前提には、朝廷と幕府の併存という国家権力の分裂性・多元性、それゆえの社会集団の自律性という、中世固有の社会構造があった。すなわち中世とは、寺社に所属する人々から都市・村落に生きる民衆に至るまでの、自律的であると同時に暴力を内包させたさまざまな集団を、より強大な暴力・軍事力をもった幕府が支配・統合しようとした時代であった。

そのような日本中世という時代を、現代において捉え直すことに、どのような意味があるのだろうか。現代に生きる、為政者ではない多くの、いわば市民といい得る私たちにとって、中世という時代がもつ意味とは何だろうか。本書では、その意味を、中世において為政者でなかった、市民・民衆といい得る人々の歴史から探りたいと思う。具体的には、中世京都の「西《にしの》京《きょう》」とよばれる地域に生き、麹業を営みながら生きた人々――「西京神人」――の歴史から探ることにする。

ここでなぜ、西京神人に注目するのか。その理由を端的に言うならば、それは西京神人の共同体がこの現代においても存続し続けているからである。中世に生きた人々、とくに中世の民衆の姿を具体的にたどることは、実は難しい。なぜならば、中世において文字を書きのこし得た人々が、貴族や武士、僧侶や神職などの社会構造の上位層にほぼ限られるからである。商工業者や農民といった中世の民衆の歴史をたどろうとするならば、彼ら自身の遺した史料というよりはむしろ、彼らを支配した公家や武家・寺社側の視点で書かれた史料に拠ることとなり、その情報は断片的にならざるを得ない。西京神人もまた、中世史料に断片的に現れる存在であるものの、現在に至るまで語り伝えられてきた伝承や、彼らの行う祭礼行事から、文献史料のみでは復元できない中世民衆の姿を浮かび上がらせることができるのである。

本書では、文献史料のみならず、西京神人が伝えてきた語りや行事の内容をも紹介し、中世民衆の歴史に迫っていきたい。そして確かに中世という時代が存在していたこと、それははるか遠い昔かもしれないけれども、決して現在と切り離された時代ではないことを、読者と共有したい。あわせて、中世において武力を支配・統治の重要な手段として君臨した鎌倉幕府・室町幕府が滅びていった一方で、むしろ幕府に支配される側であった西京神人の共同体が、今に至るまで存続し続けることができたのはなぜなのか、ともに考えたいと思う。

「西京」と「西京神人」

具体的な叙述に入る前にまず「西京」とはどのような地域か、「神人」とはどのような存在であるのか、ごく大まかに説明しておくことにする。

まず、西京について。西京といえば、一般に、延暦《えんりゃく》一三年(七九四)に桓武天皇によってつくられた平安京のうち、朱雀大路《すざくおおじ》から西側(右京)の地をさす言葉として知られている。本書で扱う「西京」は、その平安京の西京のなかの、より狭い範囲、具体的には一一世紀以降の史料に現れる、東西は七本松《しちほんまつ》通から木辻《きつじ》通近辺まで、南北は三条通から一条通までを範囲とする空間を指している。この地は中世においては、市街地である「洛中《らくちゅう》」ではなく、その周縁部に位置し寺社門前地によって構成される、「洛外《らくがい》」の一部を成していた。

なぜ平安京の西京の中に、新たに「西京」が現れたのかといえば、一〇世紀以降、平安京の都市化・住人の集住化が東京《ひがしのきょう》(左京)さらには鴨川《かもがわ》の東へと展開した一方で、湿地の多かった西京は、三条通以北を除いて衰微する傾向にあったこと、こうした過程のなかで三条通以北の地が北野天満宮領として認定されていったことに拠っている。したがって、中世になると「西京」とは、北野天満宮領「西京」を指すようになった。

この西京の地に居住していたのが、「西京神人」である。先に述べたように、「神人」とは、とくに神社と結びついた商工業者の身分呼称である。商工業者がなぜ神社と結びついたのか。それは、中世社会において、特定の神社と関係を結び「神人」となった商工業者については、朝廷や幕府・権門《けんもん》寺社などが賦課する営業税・通行税などを免除されるしくみであったからである。そのかわりに、神人になると、関係を結んだ神社に対して貢納品や営業利益の一部を納めたり、人夫としての労働に駆り出されたりするなど、特定の「役《やく》」を負担することになった。

西京神人の場合も、後述するように、北野天満宮と結びついて酒麴役《しゅきくやく》とよばれる営業税を免除される一方、北野天満宮に「神役《しんやく》」として麴業の利益の一部を納めたり、年中行事に即して貢納物を納めたり、人夫役を負担したりしている(なお北野天満宮は、かつて「北野天満大自在天神宮」「北野聖廟」「北野社」「北野宮寺」などのさまざまな呼称をもったが、本書においては、史資料引用の場合を除き、便宜的に現在の公称「北野天満宮」の語を用いる)。中世には、このように北野天満宮と結びついた西京神人以外にも、祇園《ぎおん》社(現八坂神社)と結びついた祇園社神人や、近江の日吉《ひよし》社と結びついた日吉社神人、奈良の春日《かすが》社と結びついた春日社神人をはじめとする、有力神社と結びついて活動した商工業者が各地に多数存在した。

小野晃嗣と網野善彦

さて、これから詳述していく西京および西京神人については、これまで、中世の経済史や社会史、都市史研究において部分的に触れられることはあったものの、これ自体を検討の中心に据えた研究は、ほとんどなかったといってよい。西京神人そのものに関する史料は断片的であるとしても、彼らを支配した北野天満宮に豊富な史料が現存していること、何よりも神人の共同体が現代においても存続している事実をふまえると、なぜこれまで十分に検討されてこなかったのか、不思議ともいえる。そのようななかにあって、日本中世の社会経済史研究・都市史研究の礎を築いた小野《おの》晃嗣《こうじ》氏と網野善彦氏の二人が、西京および西京神人についての論稿を書きのこしていることは注目される。

まず、小野晃嗣氏が一九三二年に発表した論文「北野麴座に就きて」から見ていくと、この論文では、一四世紀以降に明瞭となってくる西京神人の麴業にかかわる歴史が、営業特権の獲得とその喪失を柱に詳述されている。ここで用いられている史料や指摘されている事実は、西京および西京神人について論じるうえで、今なお重要であり、本書においてもたびたび参照している。

小野氏はまた、一九三七年に「中世酒造業の発達」を発表している。主題が、麴業というよりはむしろ酒造業の歴史を明らかにすることにおかれているため、麴業者であった西京神人についての叙述はそれほど多くはないものの、醸造技術について述べるにあたり、現代に至るまで存続した西京神人家の川井家所蔵の「酒壺《さかつぼ》」の写真を掲載していることは注目される（口絵参照）。すなわち小野氏は、論文執筆にあたり西京を訪れ現地調査を行っていたのであり、神人家が西京においてなおも存続している事実を把握していたのである。小野氏は戦時中の一九四二年に、四〇歳を前に病死されてしまったが、もし戦後もご存命であったならば、西京や西京神人さらには中近世の社会経済史研究の歩みは大きく変わっていたに違いない。

次に、一九九一年に網野善彦氏が発表した論文「西の京と北野社」についてみてみよう。この論文では、西京が、北野天満宮創建後に「保《ほ》」から成る空間となっていくこと、その住人の多くが神人としての身分を帯びた商工業者や土倉《どそう》・酒屋などの金融業者であったことなどが指摘されている。注意されるのは、とくに室町時代の西京を、「富裕な麴屋、土倉等を中心とするまぎれもない都市になっていた」としている点で、こうした叙述には、一九七〇年代以降に中世都市史研究を切り拓き、中世社会論に多大な影響を与えることになった網野氏ならではの視点が感じられる。

しかしその後の研究によって、西京には農村としての性格も見出せることが明らかにされつつある。その具体的な状況については本論でふれるとして、例えば現在も毎年秋に西京に住む人々によってつくられている、瑞饋祭《ずいきまつり》の瑞饋神輿は、地域で採れる農作物を素材とし、五穀豊穣に感謝して奉納されるお神輿である。このことをふまえても、西京に農村的な要素が長く存在していたことは明らかである。むしろ、景観のうえでもまた住民構成のうえでも、都市と農村の両方の性格をあわせもった地域であったという点にこそ、西京の特質があったと考えられる。そしてそれがゆえに、中世都市京都の一部を成しながら、洛中ほどには人口の流動や戦乱の影響を受けず、地域的結束が守られ、中世以降も長きにわたり神人の家と共同体、さらには共有文書が保持され続けてきたともいえるのである。

一方で、網野氏には一九八〇年に刊行された岩波新書『日本中世の民衆像―平民と職人―』をはじめとして、中世民衆を扱った著作が多数ある。網野氏が右の著書で示された中世民衆像は、「自由民」である「平民」・「職人」と「不自由民」である下人・所従《しゅじゅう》という区分のもと、特に中世において人口の最も大きな部分を占めた、「平民」・「職人」の動向に着目して展開されている点に特徴がある。

「平民」と「職人」とは、大まかにいえば前者が年貢・公事《くじ》を負担するのに対し、後者は負担しないという点に違いがある。そして、後者は年貢・公事を免除される一方、特殊な技能を通じて公家や寺社に奉仕し、その奉仕先の権門の性格によって「供御人《くごにん》」とよばれたり「神人」とよばれたりした。

このような枠組で語られている網野氏の中世民衆像・中世社会像は、様々な生業をもつ様々な地域の民衆を取り上げて展開された、スケールの大きなものである。対して本書は、西京神人という京都の麴業者集団の存在形態とその動向を追い続け、そこから見えてくる中世民衆像・中世社会像について論じるという手法をとっている。スケールという点では及ばないものの、麴業者という点においては「職人」としての要素をもちながらも、北野天満宮領の領民として年貢・公事を負担する「平民」でもあった西京神人に着目してみると、現実には「平民」／「職人」という区分を相対化し得る中世民衆の実態のあったことが見えてくる。

また網野氏が重視する「平民」の「自由」について見たとき、確かに彼らは在地領主の恣意的な税の賦課や私的支配・隷属から「自由」であり、なおかつ共同体の行事に関わる公事を負担することによって、領主支配の対象であるよりも前に共同体の構成員たり得た、自立性を帯びた「自由民」であった。しかしその「自由」は、集団内部の秩序立った結束に加え、時に暴力の行使をも辞さない、外部集団や諸権力との緊張関係の中で維持されるものだったことが、西京神人の動向からうかがえる。もとより網野氏も「平民」も武装していたことや、中世が「きびしい時代」であったことに言及しているが、本書においては、網野氏の提起した中世民衆像・中世社会像に学びつつ、西京神人という民衆の一集団の存在形態の分析にこだわりながら、中世民衆と中世民衆をとりまく社会の実態に迫っていくことをめざしたい。

語られた歴史を聞く

以上のことを確認したうえで、これから西京および西京神人の歴史について叙述していくことにしたい。叙述の中心となるのは、中世における西京神人の動向や存在形態になるが、西京神人の共同体が現代においてもなお存続し続けていることをふまえ、近世以降の神人の歴史についても叙述する。

また、叙述の基礎となるのは、北野天満宮に所蔵されている記録・文書をはじめとする文献史料が中心となるが、フィールドワークを通じふれることのできたさまざまな伝承や、現在執り行われている祭礼行事の内容も積極的にふまえ、叙述していくことにしたい。もとより伝承や行事の内容をもとに歴史を叙述することは、歴史学が本来採るべき方法や検討すべき対象の射程から逸脱する危険性をはらんでいる。しかし先述したように、中世民衆の多くは文字史料を書きのこし得る状況にはなく、西京神人の場合も、独自に文書や記録を書きのこし始めるのは近世以降のことである。多くの中世の商工業者、「神人」とよばれた人々の足どりが近世以降絶えてしまうなか、西京神人の共同体が存続し得たのは、何よりも、中世以来所持されてきた権利文書と由緒をめぐる語りを共有してきたからであると考える。こうしたことをふまえ、本書においては文字で書かれた史料ばかりでなく、語られてきた情報についても、歴史学的な検証を可能な限り施しながら用い、中世の民衆像を復元していくことにしたい。

目　次

第一章　「西京」の成立——中世京都の空間

平安京の成立と西京

西京神人について論じていく前にまず、彼らの生活基盤の地である「西京」が成立する過程について、説明していくことにしたい。

「はじめに」でふれたように、中世の西京は、平安京「西京」の中から成立する空間である。桓武天皇が延暦《えんりゃく》一三年(七九四)に遷都した平安京の地は、中軸を成す大内裏《だいだいり》と朱雀大路《すざくおおじ》をはさんで東側を「左京」、西側を「右京」とよんだが、やがて左京を「東京」、右京を「西京」ともよびならわすようになっていく。このうち右京すなわち西京は、一〇世紀に慶滋保胤《よししげのやすたね》の記した『池亭記《ちていき》』に、人家がまばらでさびれてしまっていると記述されていることなどから、早くに衰微してしまい、かわりに左京の集住化・市街地化が進んだとこれまで考えられてきた。しかし近年、八世紀から一一世紀の西京の具体的な様相が判明し、必ずしも西京が全域にわたって衰微していったわけではなかったことが明らかになっている(久米舞子「平安京「西京」の形成」)。

具体的に説明していくと、「東京」・「西京」という言葉は、もともと八世紀後半以降の朝廷の編纂史料において、「左京」・「右京」を言い換える言葉として成立し、火災の被害地域や、貴族の邸宅の場所を示す際に使用されたという。そして九世紀後半から一〇世紀になると、漢詩文で用いられるようになり、やがて天元五年(九八二)には、慶滋保胤が先の『池亭記』を執筆するに至るのである。

ここで注意されるのは『池亭記』が、中国で六世紀に成立した『文選《もんぜん》』(中国古代の詩・賦《ふ》・文章七六三篇を収めたもの)に収められている、複数の「賦」(漢文の韻文体《いんぶんたい》の一つ。事物について描写し、対句《ついく》を用いながら句末に韻をふむ美文)から着想を得て書かれたものであったことである。そしていずれの「賦」も、前漢の都の長安(西京)と後漢の都の洛陽(東京)を比較して西京を否定的に見ており、こうした見方を踏襲して『池亭記』においても、西京は人家がまばらであると書かれることになった。すなわち、必ずしも日本の平安京の実態を現しているというわけではないことになる。

実際に、発掘調査により、西京における大規模宅地利用の衰退は見られるものの、小規模宅地の存続は確認されており、耕作地となった部分に市街地が入り組んで散在する状況にあったことが明らかとなっている。また一一世紀には、藤原道長『御堂関白記《みどうかんぱくき》』や藤原実資《さねすけ》『小右記《しょうゆうき》』などの貴族の日記に、「西京」とくに大内裏に隣接する右京一条二坊・二条三坊・三条一坊の地が、火災の被害地として頻出するようになることも指摘されている。さらに『今昔物《こんじゃくもの》語集《がたりしゅう》』や『枕草子』などに見える「西京」は、右京一条・二条の地に限られることから、一一世紀以降の「西京」は、右京一条・二条の限定された地域を示す名称として通用するようになった。そして同じ時期、右京の三条以南の地については、「西七条」・「西八条」という地域名称が史料上に現れはじめるようになるのである(前掲久米論文)。

このように、八世紀末に成立した平安京「西京」の中から、一一世紀になって新たな「西京」が成立することになる。それでは、この一一世紀に成立してくる「西京」と中世の「西京」(＝北野天満宮領西京)とは、どのような関係になるのであろうか。細かな経緯については詳《つまび》らかにし得ないが、中世の西京も、右京の三条以北の地に広がる空間であったことをふまえると、一一世紀に成立した西京が、ほぼそのまま中世の西京の空間へと連続していった可能性が高い。おそらく、一〇世紀に一条以北の地に北野天満宮が創祀《そうし》されたことを契機として、北野天満宮領域としての中世「西京」が一一世紀以降に確立していったものと考えられる。

新たに確立した「西京」の地には、下級官人や僧侶、鷹飼、遊女などが居住していた。これらの人々は、上級貴族とは異なる階層でありながらも、上級貴族に仕えたり官司につとめたりする人々であった点に特徴がある(前掲久米論文)。中世の西京について記した史料に、時折「民部省町《みんぶしょうまち》」(『北野天満宮史料　目代《もくだい》日記』延徳三年九月一一日条など)や「南行衛《みなみゆくえ》」(『北野社家日記』

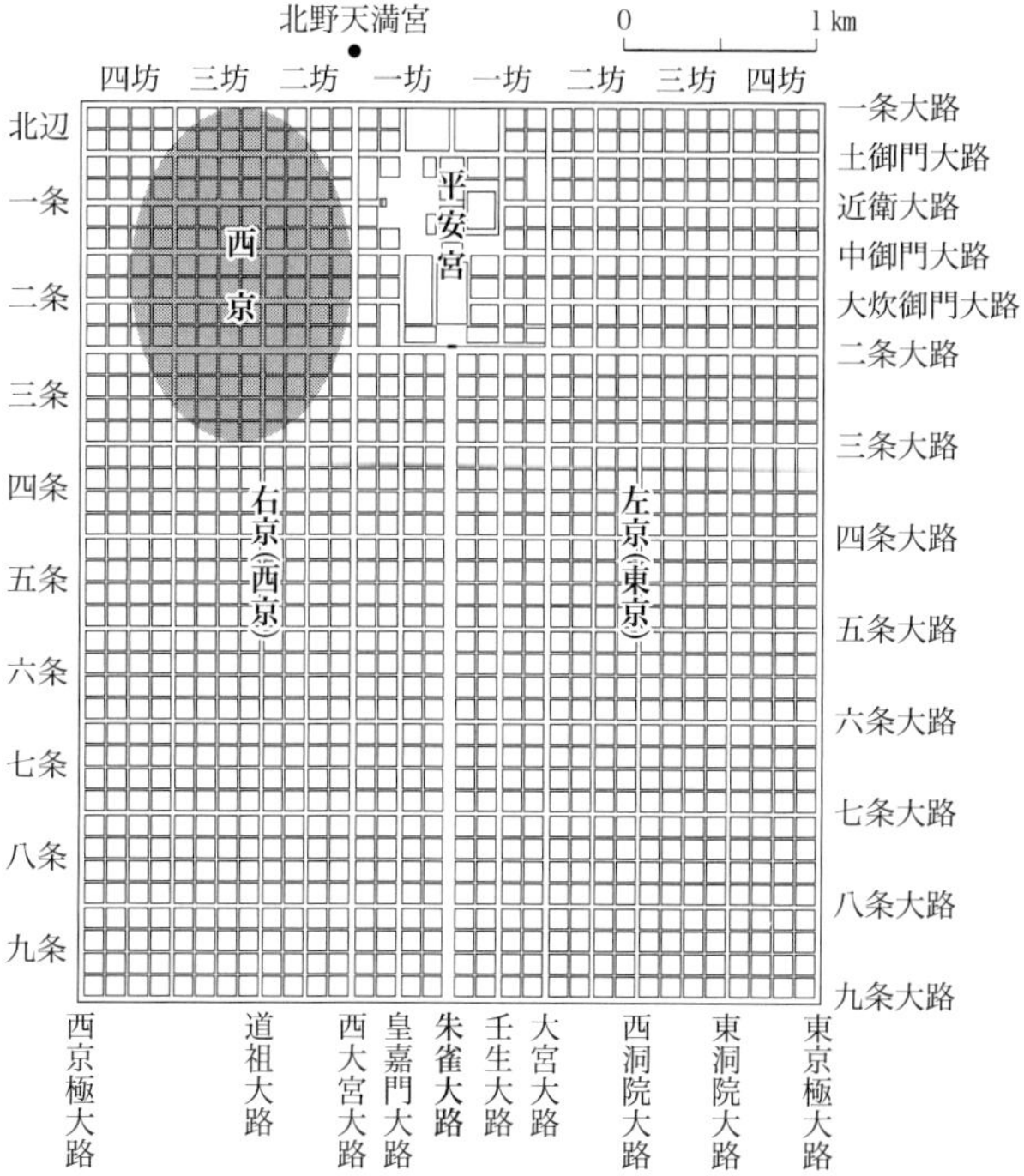
北野天満宮
0
1 km
四坊
三坊
二坊
一坊
一坊
二坊
三坊
四坊
北辺
一条
二条
三条
四条
五条
六条
七条
八条
九条
一条大路
土御門大路
近衛大路
中御門大路
大炊御門大路
二条大路
三条大路
四条大路
五条大路
六条大路
七条大路
八条大路
九条大路
西京
平安宮
右京（西京）
左京（東京）
西京極大路
道祖大路
西大宮大路
皇嘉門大路
朱雀大路
壬生大路
大宮大路
西洞院大路
東洞院大路
東京極大路

「西京」成立図

第四巻、明応二年一〇月二七日条など）といった地名が現れるのも、もとは平安京の官衙《かんが》が所在した地であったからであると考えられる。それらの官衙が失われ、北野天満宮領へと空間の性格が変化しつつも、なおしばらくは平安京成立当初の名残をとどめ続けた。

北野天満宮の創祀

それでは、中世「西京」成立の重要な契機となった北野天満宮は、どのような過程を経て創祀されたのだろうか。

北野天満宮が、延喜《えんぎ》三年（九〇三）に大宰府《だざいふ》で亡くなった菅原道真《すがわらのみちざね》（八四五〜九〇三）を祭神として祀《まつ》った神社であることは、よく知られている。菅原道真は、藤原氏が隆盛を誇っていわゆる「摂関政治」を行っていた平安時代に、宇多《うだ》天皇に重用され、右大臣の地位へとのぼりつめた。そのために、左大臣藤原時平《ときひら》に疎まれ、大宰府に左遷されてしまい、その地で亡くなっている。道真が亡くなったのち、朝廷では時平や皇太子の早世、清涼殿《せいりょうでん》への落雷による死者の発生、醍《だい》醐《ご》天皇の健康状態の悪化など、不吉なことが続いた。その後も、火災・兵乱・飢饉・地震・大風・洪水などが起こり、さらに平将門や藤原純友がそれぞれ起こした承平《しょうへい》・天慶《てんぎょう》の乱も発生するなど不穏な動きが続き、これらの天変地異や反乱が道真の怨霊《おんりょう》によるものと受け止められるようになっていく。

道真の怨霊が、平安京の北辺の「北野」の地に祀られていく具体的経緯について同時代史料は存在しないものの、いくつかの天神縁起においてその様相をうかがうことができる。天神縁起の中でもっとも古い、建久五年（一一九四）の書写奥書《おくがき》をもつ「天神記」には、天慶五年（九四二）、右京七条二坊に住む多治比文子《たじひのあやこ》に、道真の怨霊を北野の右近馬場《うこんばば》の地に祀るようにとの託宣が下ったことが見えている。文子は賤しい身の上をはばかって、右近の馬場に社《やしろ》を建てずに、自身の粗末な住居のそばに垣をめぐらせ天神を祀ったものの、神慮にかなっていなかったことから、天暦《てんりゃく》元年（九四七）に北野の地に社を遷したという。

こうした動きと併行して、天慶九年（九四六）には、近江国比良宮《ひらのみや》の禰宜《ねぎ》であった神良種《みわのよしたね》の七歳の子にも、右近の馬場に祀るようにとの天神の託宣が下ったといい、良種と北野朝日寺の僧最鎮《さいちん》とが相談のうえ、文子の仲間などとともに、右近の馬場の地に天神を祀ることになった。そして天暦元年から天徳年間（九五七～九六一）の四年の間に、五回にわたり社殿を造り改めながら北野天満宮が発展していったという（『神道大系神社編11　北野』所収「天神記」）。

一方、北野天満宮創建の経緯を伝える史料として、鎌倉期にまとめられ、室町初期に書写されたとされる『北野天神御託宣記文』所載の「北野天満大自在天満宮創二建山城国葛野郡上林郷」縁起」・「最鎮記文」・「天慶九年三月二日酉時天満天神御託宣記」（前掲『神道大系神社編11北野』所収）も注目される。これら三つの史料から、北野天満宮創建に際し、「根本建立禰宜」とされた文子の一族と、摂関家や菅原氏との結びつきを強めていた最鎮との間に対立のあったことが指摘されているからである。

このようななか、文子一族は、北野の地に近在する村々や右京北辺の人々の支持と協力を受けて北野天満宮を創建することとなった。その際、文子らの祀った「天神」には、怨霊としてのみならず福徳を齎《もたら》す神としての性格が認められる点に特徴があった（藤原克己『菅原道真と平安朝漢文学』）。すなわち北野天満宮は、道真の怨霊を崇《あが》め鎮めるために建立されたばかりでなく、福徳を願う民衆たちの意をも受けて建立された神社だったと考えられる。

こうした民衆の天神に対する信仰、福徳神への信仰について考える際に想起されるのが、天慶八年（九四五）に起きた志多羅《しだら》（良）神上洛事件である。この事件は、筑紫から多数の民衆が志多羅神の神輿三基をかついで京へと向かったとされる事件で、先頭をなしたのは、菅原道真の霊を祀る「自在天神」と書かれた神輿であった（史料纂集『吏部王記《りほうおうき》』天慶八年八月二日条）。またこの事件について、承平・天慶の乱や菅原道真の怨霊化によって動揺していた社会にあって展開された、民衆たちの「世直し」のための運動であった可能性を指摘する研究もある（山田雄司『跋扈する怨霊』)。注意されるのは、神輿をかついで京をめざした民衆たちが、春の田おこしにちなむ歌謡を歌い継ぎながら向かっていたことである。朝廷の介入によって石清水八幡宮へと誘引されたため、入京はかなわなかったものの、招福を期待し、道真の怨霊を信仰する人々による宗教的運動であると同時に、京都における天神社の建立を希求する運動として評価されている(河音能平『天神信仰の成立』、上川通夫「摂関期仏教成立の歴史的前提」)。

この志多羅神上洛事件の起きた年と、「天神記」の記す、多治比文子に託宣が下ったとされる年とはわずか三年の違いしかない。道真が亡くなって四〇年ほどのちに、菅原道真を招福の神として京都に祀ろうと願う民衆たちの動きが、京都においてのみならず、大宰府近辺においても盛んとなっていた様子がうかがわれ、注目される。

すなわち、北野天満宮は民衆たちによって民衆たちの願いをこめ創祀されていったと考えられる。

その後天徳三年(九五九)には、右大臣藤原師輔《もろすけ》によって社殿(法華三昧堂)が増築され、その翌年には、座主・検校《けんぎょう》らのもとで別当《べっとう》・三綱《さんごう》らによって管理される天台宗としての北野天満宮が確立していく。その背景には、文子とともに天神を祀ったとされる最鎮の思惑があった(「最鎮記文」)。

すなわち天台僧であった最鎮は、天神を摂関家の守護神とし、菅家氏人《うじびと》と天台住僧とで北野天満宮を経営することを志向したのである。折しも、当時の摂関家は、天台山の復興と天台宗の興隆を求める中国江南地域の呉越国王からの働きかけに応じて天台宗重視の姿勢を見せており、さらに菅原氏の長者文時《ふみとき》(道真孫)も、菅原氏の再興を願い外交推進姿勢をとっていた(前掲上川論文)。

そして寛弘元年(一〇〇四)に一条天皇の行幸があった際(『菅家御伝記』)、菅原氏出身の延暦寺の僧是算《ぜさん》が北野天満宮の別当職に任命されたのを契機に、比叡山延暦寺と北野天満宮とは本格的に本末関係を結ぶこととなる。以後天満宮のトップの別当職には、是算の流れをくむ曼殊院《まんしゅいん》門跡《もんぜき》が就くこととなった。

安楽寺天満宮の創祀

さて、これまで述べてきたように、八世紀末に成立した平安京「西京」のなかに、一〇世紀半ばの北野天満宮の創祀を契機として、一一世紀に中世「西京」が立ち現れてくることになるが、中世西京の住人の中核となった西京神人は、いつどのように現れるのであろうか。

西京神人の史料上の初見は、鎌倉時代後期の弘安七年(一二八四)の『勘仲記《かんちゅうき》』八月四日条で、

「今日北野（祭脱カ）例のごとし。西京神人訴訟により、日来《ひごろ》嗷々《ごうごう》。しかれども無為に宥《なだ》め行わるるか」とみえている。詳細は不明であるものの、西京神人が訴訟を起こしていたこと、しかしながらこの日の北野祭が無事執り行われたことがわかる。したがって、少なくとも西京神人は一三世紀後半には存在していた。

　では、いつから存在したのか。手がかりとなる史料はないものの、「神人」という呼称の性格に留意するならば、一〇世紀の北野天満宮の創祀後に存在するようになったことは確かである。北野祭が寛和《かんな》二年（九八六）の史料に確認されること、また、現在も西京の地にあり瑞饋《ずいき》祭《まつり》の中核をなす空間である「西京御旅所《おたびしょ》」が、一二世紀後半には史料上に現れることなどをふまえると（前掲久米論文）、一〇世紀から一二世紀にかけて、北野天満宮が西京の住人の中から神人を編成していった可能性が想定される。

　一方、現在の西京神人家および西京地域にのこる語りの世界においては、西京神人の成立は菅原道真の生前期にさかのぼる。

　すなわち西京神人によって創建され、今も西京の地にのこる安楽寺天満宮《あんらくじてんまんぐう》（京都市上京区北町）に掲げられた、「西京神人末裔七保会《ななほかい》」の手になる説明板は、「ようこそ、安楽寺遺址へ、我々の主人《あるじ》、菅原道真公は、藤原時平《ときひら》公のざん言《げん》により、昌泰《しょうたい》四年（九百一年）（ママ）太宰権師《だざいのごんのそち》（ママ）に左遷

安楽寺天満宮(上)とその創建を語る説明板

となり、我々の先祖《おやたち》は、同行いたしました」という文章で始まっている。これに続く文章によれば、道真が亡くなる際に、「先祖」に京の都へは帰らないとの遺言が託されたものの、亡骸を葬る場所もなくさまよっていたところ、亡骸を背負っていた牛が疲れてへたりこんでしまったため、その近くにあった安楽寺というお寺の住職に事情を説明し、葬ってもらったという。

その際、「先祖」は住職に、もし京の都へ帰れたら菅公手彫りの「御自身像」を安楽寺の寺号のもとで祀らせてほしいと依頼し、許可されたという。そして、生前の道真と密かに親交を深めていた藤原忠平に朝廷への口ききをお願いして延喜五年(九〇五)に京都に帰り、現在の

「北町」の地に「京都における最初の天満宮」となる安楽寺天満宮を創建し、「御自身像」を祀ったという。これに続く文章には、「七保会」の由来でもある、「西京七保」の「御供所《ごくしょ》」の歴史や文安の麴騒動、さらには明治初期の上地《あげち》令《れい》による御神体の移転など、現代へと至る西京神人および安楽寺の歴史が語られている（「西京七保」や「御供所」については後に詳述する）。

　こうした西京神人および安楽寺天満宮の由緒を裏付ける古代中世の史料は、残念ながら現存せず、ここで語られていることのすべてを史実として確定することはできない。しかし、少なくとも一三世紀半ばには史料上で確認される西京神人の歴史が、現在まで存続するにあたり、この語りが重要な意味を持ち続けたことは疑いない。文字史料をのこし得なかった人々が、どのように歴史をつむいできたのか、またつむいできた歴史をどのように共有し語り伝えてきたのかを考えるうえで、貴重な資料である。

　道真の亡骸を背負っていた牛がへたりこんでしまい、近くにあった安楽寺に葬ってもらったという話は、「天神記」に、「筑前国四堂《よつどう》の辺に御墓所を点じて、おさめ奉らんとしけるとき、御車たちまちに道なかにとどまりて、肥状多力のつくし牛引けどもはたらかず、そのところをはじめて御墓所とさだめて、いまの安楽寺とは申すなり」と見える、筑前国における安楽寺天満宮（現在の太宰府天満宮）建立の経緯と重なる点で注目される。

また、大宰府から京都へと「御自身像」を持ち帰って祀ったという話は、志多羅神上洛運動を彷彿とさせる。史料によって確かめることはできないが、こうした一〇世紀における民衆たちの動きと、西京神人の「先祖」による、京都における安楽寺天満宮の創祀とが、いずれかの時点でつながっていった可能性がある。

現在、菅原道真の忌日《きにち》の二月二五日に北野天満宮で行われている梅花祭では、北野天満宮の神職が「北野天満大神」に対し祝詞《のりと》を読み上げる一方、西京神人家の七保会の宰領《さいりょう》(代表者)は「菅原大神」に対し祝詞を読み上げている。また現在、西京神人によって創祀された瑞饋神輿《ずいきみこし》を製作している西之京瑞饋神輿保存会の集会所の床の間には、「菅原大神」と書かれた掛軸がかけられている。これは明治期に、太宰府天満宮の社家出身の宮小路康文によって書かれたものであったという(西之京瑞饋神輿保存会顧問佐伯昌和氏のご教示による)。

太宰府天満宮と西京との関係をうかがわせる一〇世紀段階の史料を見出すことはできないが、少なくとも近代においては、菅原道真を「菅原大神」として独自に祀ってきた西京神人と太宰府天満宮とが結び合う関係にあったことがわかる。

以上のような安楽寺天満宮の由緒をみたときに想起されるのは、平安時代から鎌倉時代の九州・阿蘇《あそ》地域にみられた、神々の重層構造である。すなわち当該期の阿蘇では、①国家によって編成された、地域における最上級の神格である阿蘇社・国造《こくぞう》社、②地域の骨格を形成し、阿蘇社の年中行事にかかわり、「祝《はふり》」（神職）の置かれていた年禰《としね》社・天宮《あめのみや》社・霜宮《しもみや》社・風宮《かぜのみや》社などの神々、③専門の神職が未成立である「ムラの神さま」、の三つのレベルの神々が存在したことが指摘されている。

注目されるのは、②・③の神々が、在地に生きる人々の生業や自然環境に即して崇められた神であったことである。特に②の神社で祝の職をつとめたのは、在地社会において生産活動を担い、その生産活動と一体化した儀礼を行った阿蘇社の神人たちであった。そしてこれらの祝は、もともと阿蘇社が成立する以前から地域の各所で神を祀る存在であったところ、阿蘇社の成立を受け、神官《しんかん》・権官《ごんかん》・神人の各身分に編成されたのである（大山喬平「ムラを忘れた歴史学」）。

このように、国家によって編成された神社と、これ以前から地域の人々の生業や生産活動を支える神社とが併存して地域秩序を形成する社会は、古代から中世の日本の各地域に展開していたものと想像される。

北野天満宮の創祀についていえば、「天神」という言葉には、クニツカミ（地祇《ちぎ》）に対するアマツカミ（天神）として皇祖神につながる神々と、天にいる神である「雷神」との、二つの意味があった（井上満郎「古代の御霊信仰」）。このうち「雷神」は、降雨をもたらしてくれるために、とくに農業にかかわる人々にとって重要な信仰対象となった。こうしたことから、清涼殿への落雷という災厄をもたらした道真の怨霊が、天神と習合し、北野天満宮の創建へとつながっていくことになるのである。すでに元慶《がんぎょう》年間(八七七〜八八五)には、農作物の豊作を願って、「雷公」を祀る行事が執り行われていることが知られる(改定史籍集覧編外『西宮記』巻二四臨時一二裏書)。

神職すらも置かれないまま、地域の人々の生活や生業により密接でなおかつ原初的な「ムラの神さま」を祀る空間が地域秩序の末端におかれていたことをふまえるならば、あるいは、北野天満宮が創祀される経緯において、多治比文子が住居のそばに祀ったとされる社や、次章で述べるように、農業から麴業を発展させていったと伝えられる西京神人の創祀した安楽寺天満宮もまた、「ムラの神さま」に通じる性格を帯びたものとして捉えることができるように思われる。

いずれにしても、縁起にみえる北野天満宮の創建の経緯や、安楽寺天満宮の創建をめぐる語りには、菅原道真を天神として崇め祀る、さまざまな民衆たちの主体的な動きがよく現れている。その前提に、古代から中世にかけての、国家のみならず、民衆もまた、生業や生活を守る神を祀る主体となり得る社会の展開が存在していたのである。

中世京都の空間と支配

さて、これまで平安京「西京」の中から中世「西京」が成立してくる過程を見てきたが、そもそも中世の京都とは、いかなる空間であったのだろうか。

実は北野天満宮が創建され、中世「西京」が成立し始める一〇〜一一世紀は、平安京それ自体が大きく変貌していく時代であった。すなわち、古代律令《りつりょう》国家の都城《とじょう》として出発した平安京は、東アジアにおける国際関係の変化や、摂関政治の展開による天皇の位置づけの変化、官僚機構の変化、大路・小路から成る条坊の秩序の崩壊などにより、一〇世紀以降「解体」していく（北村優季「平安京の解体」）。そして天皇の住む内裏が繰り返し焼亡して里内裏《さとだいり》（平安宮外の仮御所）に住むことが常態化するとともに、白河《しらかわ》天皇による鴨川東側の「白河」の地の開発や、平安京南郊の「鳥羽殿《とばどの》」の造営により、新たな都市域の形成が見られるようになる。さらに院政が開始されると、京中に多数の院御所がおかれるようになるなど、政治形態の変化に即して都市の構造も変化していった。そして同じころ、荘園と国衙領《こくがりょう》を新たな国家の経済基盤とする荘園公領制が確立すると、京都は荘園領主の集住地・荘園体制下の首都としての性格を強く帯びるようになる。

このようにして成立した中世京都を統治したのは、前代に引き続き朝廷であったが、南北朝期以降になると、室町幕府が担うようになる。具体的には、京都住人に対する警察権や民事裁判権・商業課税権などのいわゆる「京都市政権」について、一四世紀前半までは朝廷管轄下の検非違使庁《けびいしちょう》が担っていたものの、これ以降は室町幕府侍所が掌握するようになる。そして中世を通じて、京都内部の個別の都市空間については、地子《じし》(土地や家屋にかかる税)取得権や検断《けんだん》権(警察権・刑事裁判権)をもつ公家や寺社などの「領主」が分割支配していた。北野天満宮もまさに、社殿を含む境内地と膝下《しっか》領である西京の領主として中世京都に所在していたのであり、領民から地子を取得するとともに、領内で犯罪が生じれば検断権を行使した。

公家・寺社は、こうした領主としての都市住人支配とは別に、京都の商工業者や土倉・酒屋などの金融業者の「本所《ほんじょ》」として、京都の都市民衆を支配する存在でもあった。具体的には商工業者から営業税を徴収しつつ、朝廷・幕府の賦課する税の免除を申請することにより彼らの商工業を保護した。その際、本所は必ずしも商工業者集団の居住地の「領主」であったわけではなく、土地支配を媒介せず、「役」賦課に基づいて彼らを把握した。すなわち、土地の支配と人の支配とは分離・錯綜していたのである。

このように、中世京都においてはさまざまな権力による土地や住人の支配が錯綜しながら展開していたが、鎌倉末期以降、朝廷をはじめとする統治権力によって統一的に把握される空間をさす言葉として、「洛陽洛外」・「洛中辺土」(ともに京都市街地とその近郊のこと)などの言葉が見え始めるようになる。これらの言葉は、さまざまな権力によって支配されている都市住民に対し、統治権力が横断的に課税を行う際などに用いられた。そして室町期の応永年間(一三九四〜一四二八)以降、とりわけ応仁の乱後には、「洛中洛外」という言葉に固定化していく(瀬田勝哉「荘園解体期の京の流通」)。あわせて応仁の乱(一四六七〜一四七七年)後の京都は、「上京」・「下京」から成る「洛中」と、祇園・清水《きよみず》・北野・賀茂・嵯峨《さが》をはじめとする寺社境内地から成る「洛外」とがそれぞれ固有の都市的発展を示す、「複合都市」としての性格を濃厚に帯びることになった。

以上の点をふまえると、北野天満宮および西京は、中世京都において、朝廷や室町幕府の統治する京都の範囲内にありつつも、市街地の周縁部――すなわち「洛外」――に位置していたことになる。そして西京神人は、北野天満宮領西京の住人として、領主北野天満宮の支配を受け、地子を納め検断権の行使にしたがう存在とみなされていた。

ここで注意されるのは、西京神人がただ単に北野天満宮の領民であったばかりでなく、次章で述べるように麴業を営む商工業者であった点であり、その本所もまた北野天満宮であった。

京都の商工業者や金融業者の中には、本所と領主とを異にする者も多くあったと考えられるが、西京神人は、本所も領主もいずれも北野天満宮であったのである。すなわち西京神人は、生業においてもまた居住という側面においても、北野天満宮との結びつきが強固であった。

都市京都の社会構造

ところで中世の京都には、上皇・天皇・貴族や、将軍・守護大名をはじめとする武士、寺院の僧侶や神社の神職、商工業者・金融業者や、遊女・非人など、あらゆる身分の人々が居住していた。いわば中世身分制の縮図を体現する場が、京都であったといえる。このうち非人が、清水坂や河原《かわら》、あるいは点在する「散所《さんじょ》」とよばれる空間に集住していたことを除くと、基本的にこれらの諸身分は混住していた。のちに豊臣秀吉が身分的な編成をともないながら、城郭と領主の館、武家地、足軽町、寺社地、町人地、内裏、公家町の明瞭な空間的区分を行ってできた近世都市京都と、この点では大きく相違している。このような京都にあって、西京神人はどのように位置づけられるのだろうか。最後にこの点を確認して、本章を終えることにしたい。

中世京都における諸身分の混住形態は、すでに一〇世紀には見られ始めていたもので、その前提には、九世紀後半以降の初期荘園領有の展開があった。すなわち荘園を家産化しつつあった貴族などが、人や物資の流入に適した住居の配置や家産機構の整備を進め、その居住形態を変化させていたのである。これと併行して、没落した貴族の空き家のあとに、小路が開かれ人家が建ち始めたり、所有権者の居住しなくなった荒廃地を勝手に占有・用益する人々が現れたりするなど、下層住人らの動きも活発化した(戸田芳実「王朝都市論の問題点」)。

その後も混住状況は続き、一五世紀半ばの土御門四丁町では、武家・公家・寺社関係者のほか、土倉、油屋・米屋・畳屋・番匠《ばんしょう》(建築工)などの商工業者が混住していた。また、一六世紀前半に一条烏丸《からすま》付近に成立した「禁裏《きんり》六町」には、公家やその家産機構を支える人々、室町幕府の開闔《かいこう》・奉行人・奉公衆、さらには米屋・畳屋・餅屋・大工・紙屋・薬屋などの商工業者が、隣り合って居住していた(高橋康夫「「六町」の景観と構造」・「土御門四丁町の形態と構造」)。

このような諸身分の混住の前提には、先にふれた公家や寺社などの領主支配がある。したがって、多様な身分の人々が京都に居住していたとはいえ、居住空間の確保・維持という点において、領主層をなす公家・寺社およびその関係者は、きわめて有利な位置にあった。これに対し、たえず京都に流入していたはずの商工業者をはじめとする都市民衆、あるいは室町幕府のように公家・寺社に遅れて京都に拠点を構えた組織に属する武士たちにとって、京都において居住空間を確保・維持するのは決して容易なことではなかった。

このうち武士については、南北朝期以降、京都における武家関係者の人口は数万人にも及んだといわれている。しかし、その居住地の確保は円滑には進まず、実力行使をともなう事実上の占有や、上位権力・既存の領主権力との縁、あるいは武士間のネットワークを通じ、ようやく実現した。また室町期になると、大規模な大名邸宅に一族や被官《ひかん》が集住するという状況も見られるようになるが、その邸宅ですら、公家が領主権をもつ地に建てられていた。すなわち、武士といえども京都の土地所有構造のうえでは領主たりえず、多くは「仮住《かりずまい》」や「寄宿《きしゅく》」のようなかたちで京都に居住していたのである(松井直人「南北朝・室町期京都における武士の居住形態」)。

このような在京武士の居住地確保の困難さや居住形態の不安定性をふまえるならば、商工業者の居住地確保も同様あるいはそれ以上に困難であったと考えられる。彼らの多くは、先述したように公家や寺社を「本所」とし、「供御人《くごにん》」や「神人」という身分を帯びながら活動していたが、こうした身分を帯び、「役」を負担することで、居住地を確保・維持することができた。そして京都において居住地を安定的に確保・維持し得るかどうかが、そのまま商工業者間の階層差を生むことになった。

例えば祇園社の神人として綿の商売に携わっていた綿本座《わたほんざ》神人と綿新座《わたしんざ》神人の場合、本座神人が居売《いうり》（店舗を構える）の七条町・三条町・錦小路町《にしきこうじちょう》の「町人」であるのに対し、新座神人は振売《ふりうり》（行商）の「里商人《さと》」であったことが知られる。また綿本座神人は「下人」を組織しており、「下人」は本座神人の店舗の前で「床子《しょうじ》」を設けて営業していた（『八坂神社記録』上・祇園社「社家記録」康永二年一一月八日条）。綿本座・新座神人のいずれも祇園社に神供《じんく》米や人別銭などの「役」を負担しながら京都で綿商売を行っており、その活動は永享《えいきょう》二年（一四三〇）まで確認される（『増補八坂神社文書』上・一一三五号、永享二年六月二一日付池田仍秀申状《もうしじょう》）。しかし、康永二年（一三四三）段階で六四名の座衆がいた新座神人はわずか一名となっているなど、商工業者が長期にわたって京都において商業活動を維持し続けることは容易ではなかったことがわかる。

一方、鎌倉期以降に現れ始める、「土倉」・「酒屋」とよばれた金融業者の居住地の確保・維持は、商工業者に比べてより安定的なものだった。彼らの多くは、比叡山延暦寺（山門）の僧（「山徒」）および延暦寺と本末関係にあった近江日吉社の神人であった。彼らは、中世京都の土地所有において、質流れなどによる土地取得や地子請負を通じ、「地主」（領主）に相当する位置を占めていたことが指摘されている。したがって、権門領主の支配する地に居住する武士や、本所への役負担などを通じ京都で商売を行うことができた商工業者らとは異なり、むしろ領主に近い立場で京都に居住した人々であった。

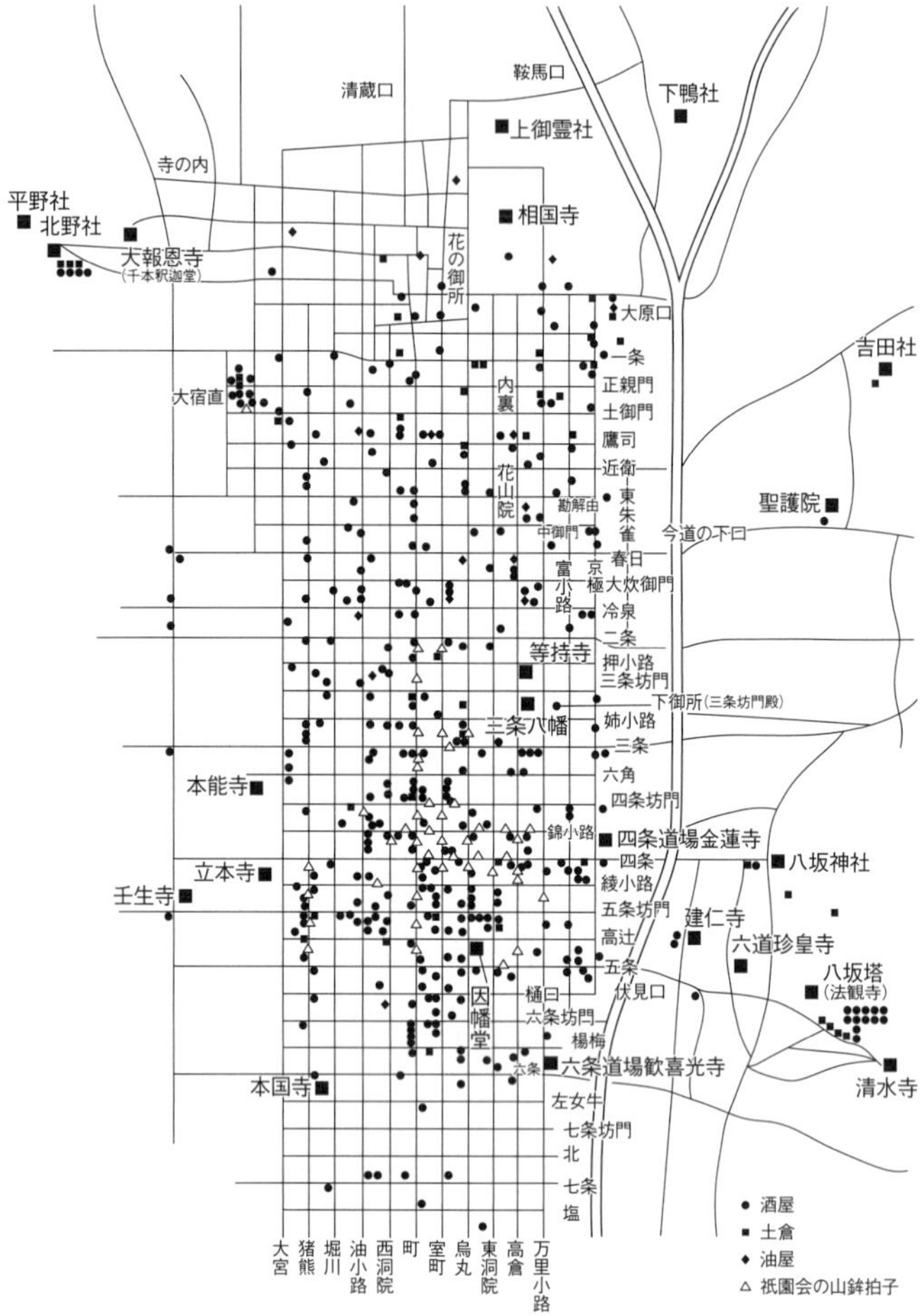
清蔵口
鞍馬口
下鴨社
上御霊社
寺の内
平野社
北野社
大報恩寺
(千本釈迦堂)
相国寺
花の御所
大原口
吉田社
一条
正親門
土御門
鷹司
近衛
大宿直
内裏
花山院
勘解由
中御門
東朱雀
聖護院
今道の下口
春日
富小路
京極
大炊御門
冷泉
二条
等持寺
押小路
三条坊門
下御所(三条坊門殿)
三条八幡
姉小路
三条
六角
本能寺
四条坊門
錦小路
四条道場金蓮寺
四条
八坂神社
立本寺
壬生寺
綾小路
五条坊門
建仁寺
高辻
六道珍皇寺
五条
八坂塔
(法観寺)
因幡堂
樋口
伏見口
六条坊門
楊梅
六条
六条道場歓喜光寺
清水寺
本国寺
左女牛
七条坊門
北
七条
塩
大宮
猪熊
堀川
油小路
西洞院
町
室町
烏丸
東洞院
高倉
万里小路
● 酒屋
■ 土倉
◆ 油屋
△ 祇園会の山鉾拍子

南北朝・室町期の京都

以上のような中世京都の社会構造をふまえ、改めて京都における西京および西京神人の位置づけについてまとめてみよう。まず中世西京は、先述したように、北野天満宮領という神社の領有地として成立し、なおかつ京都の郊外(「洛外」)に位置する空間であった。西京にも、土倉・酒屋、大工、紺屋《こうや》、散所非人など、さまざまな階層の人々が居住していたが、基本的には住人は北野天満宮に地子や年貢・公事を納め、北野天満宮の検断権行使の対象となるなど、北野天満宮による強固な支配のもとに置かれていた。

また、西京に住む商工業者の中核となったのは、麴業を営む西京神人であったが、西京に居住する商工業者のなかで、他社の神人となっていたり、朝廷官司と結びついて供御人となっていたりする者についてはほとんど確認することができない。あくまで相対的な評価に過ぎないが、住人の多様性や流動性という点では市街地ほど顕著ではなかった可能性が高い。このことは、例えば応仁の乱によって、市街地では山門配下の土倉・酒屋の多くが衰退し、俗人の土倉・酒屋が現れるなど、金融業をはじめとする特定の生業の担い手の入れ替わりが激しかったにもかかわらず、西京では麴業を担う神人が西京に住み続けている点からもうかがうことができる。

北野社の領主支配を受けながらも、市街地の商工業者に比べ、長期にわたって定住し続けることができたという点で、西京神人は京都の都市民衆全体からみれば、安定した生活を営む、どちらかといえば富裕な人々であったといえよう。

その一方、特に一四世紀以降、市街地への商工業者の流出や、闕所《けっしょ》屋（検断によって没収された家屋）の市街地への流出など、西京から洛中への人やモノの流出が、たえず北野天満宮および西京住人の間で問題となっていることは注目される。神社領として独立性を保つ空間でありながらも、中世都市京都の一部として、洛中の動向に強く規定されざるを得ない空間――それが中世西京であった。

第二章　生業の展開

麴売(「七十一番職人歌合」より)

麴業の展開

先述したように、西京神人が史料上初めて確認されるのは、弘安七年(一二八四)の『勘仲記』の北野祭に関する記事である。詳細は不明であるものの、北野祭において何らかの奉仕をすることになっていた西京神人が訴訟を起こしたため、朝廷側がなだめ、無事祭礼の執行へと至ったものと考えられる。

その後、一四世紀に入ると、北野天満宮関係史料のなかに西京神人に関する記述が散見されるようになる。それらの史料により、西京神人が麴業者であったこと、また麴業にともなうさまざまな特権を室町幕府および北野天満宮から付与されていたこと、南北朝期以降、北野祭においてとくに重要な役割を果たす存在となっていたことが明らかとなる。こうした西京神人の中世における活動を、まずは麴業者としての側面から確認していくことにしたい。

西京神人が麴業を営んでいたことが、史料上初めて明確となるのは、次に示す、康暦《こうりゃく》元年(一三七九)に室町幕府管領の斯波《しば》義将《よしゆき》が発給した書状によってである(『北野天満宮史料　古文書』

以下、『古文書』と表記、三号)。史料引用のあと、すぐに解説をするので読み飛ばしていただいても構わないが、本書で引く史料はどれも中世民衆の姿が垣間見える貴重なものばかりである。ぜひ目を通してみてほしい(漢文体の原史料を読み下してある)。

北野社領西京酒麹役《しゅきくやく》の事、(造脱カ)酒正催促に及び候の条、太《はなはだもっ》以て濫吹《らんすい》なり。よってかの催促を停止《ちょうじ》せしめ、且《かつが》つ罪科に処せんがため、奏聞を経られるべく候。この趣を以て御下知《げち》有るべく候。恐惶謹言《きょうこうきんげん》。

康暦元

九月廿日　左衛門佐(斯波)義将(花押)

進上　竹内大僧都御房

冒頭に見える「酒麹役」とは、朝廷の官職である造酒司《みきのつかさ》が、酒およびその原料となる麹の製造・販売業者に賦課した、一四世紀に成立してくる税である。「西京」の「酒麹役」とあることから、西京にいる麹業者に賦課する税が問題となっていることがわかる。そして後に出てくる史料から、ここで想定されている麹業者とはすなわち西京神人をさすことが明らかとなる。

すなわちこの書状は、室町幕府が西京神人への酒麴役賦課の停止を朝廷にはたらきかけることを、北野天満宮組織の頂点に位置する「別当」をつとめていた竹内《たけのうち》門跡(曼殊院門跡ともいう)に伝えたものである。

京都における酒造業の発達は、すでに九世紀からみられたが、一三世紀半ばの仁治《にんじ》元年(一二四〇)には、酒屋が「東西両京」に数え切れないほど立ち並ぶ状況となっている。酒造それ自体は「悠久の過去」に始まったものとされ、『万葉集』にもうたわれている。しかし貨幣経済と利潤思想の進展により、自家醸造から利潤を目的とする余剰生産が活発化したのは中世になってからであり、とくに都市京都の酒造業の発達はめざましかった(小野晃嗣「中世酒造業の発達」)。この仁治元年、朝廷の諸公事用途《くじ》(費用)が不足するなか、造酒司により酒麴役賦課が申請されるようになり、これ以降、造酒司および検非違使庁・左京職など諸官司の間で、酒麴役の徴収権をめぐる競合が展開していく。そして一四世紀半ばの貞治《じょうじ》年中(一三六二～一三六八)に、ようやく造酒司による酒麴役賦課が成立したのであり、右の書状はそれから一〇年ほどたった時代に発給されたものということになる。

酒屋への課税とその徴収をめぐり、朝廷諸官司内で競合が起こった理由の一つは、酒屋が一般商工業者の住宅兼仕事場に比べはるかに広い間口をもっていたこと、すなわち中世京都の商工業者のなかで最も富裕な階層を成していた点に求められる。また、「酒屋・土倉」と併記されることがしばしばあることからも明らかなように、酒屋の中には金融業者である「土倉」を兼ねる者も多かった。そして「神人」などとして、寺社――とりわけ比叡山延暦寺(山門)――の編成・保護を受ける者がほとんどであったために、寺社側の抵抗もあって造酒司の酒麴役賦課は容易には成立しなかった。

一方、「酒屋役」とは別に「酒麴役」の語がしばしば見られることからも明らかなように、麴業者もまた中世においては課税対象として重視される存在だった。麴黴《こうじかび》を使用した麴製造もまた古代から見られるものであったが、麴業という産業が確立したのは、酒造業が発達した中世以降のことであり、鎌倉期に大和国に麴座が成立していたことを確認できるのが最も早い例であるという(前掲小野論文)。

すなわち酒造業の発達と酒屋の繁栄は、麴業の成立と麴業者の繁栄をも意味したのである。そして室町時代は、足利義満に次いで四代将軍となった義持が、宴会を頻繁に行い、「二日酔」という言葉を史料上に初めて出現させ、六代将軍義教の臨席する酒宴の場では嘔吐することが「最高の座興」と考えられるなど、「酔狂の世紀」といい得る時代であった(桜井英治『室町人の精神』)。

さて、康暦元年からさらに八年ほどたった嘉慶《かきょう》元年（一三八七）には、次のような二通の文書が、室町幕府から発給されている（『古文書』四号、室町幕府御教書、および同五号、足利義満下《げ》知状《ちじょう》）。

a北野宮神人等申す酒麴役の事、
西京の所業として、かの得利《とくり》を以て神役に相従うのところ、近年或いは神人等出座せしめ、他方に住み、或いはその業を請け習いて商売を盗むの条、かれこれ自由の所業、道理に叶わざるか。所□（詮）去る貞治年中造酒正《みきのつかさかみ》師郡（邦）以下罪過の事、奏聞を経られ畢《おわ》んぬ。早く出座においては本所に還住《げんじゅう》し、社役を勤め、成業に非ざるの族《やから》に至りては、洛中たりと雖《いえど》も、神秘に備うるべきものなり。この趣を以て別当僧正御房に申さるるの状、仰《おお》せによって執達くだんの如《ごと》し。
嘉慶元年九月十六日　左衛門佐（斯波義将）（花押）
当宮御師《おし》石見《いわみ》法印御房

b北野宮寺神人等西京申す麴役の事、

右、造酒正師郡(邦)子細を申すの趣、その謂《いわ》れ無きに非ずと雖も、所詮当社祭礼・神事以下、かの神人等の訴達せざれば、忽《たちま》ちに違《い》乱《らん》に及ぶの間、一向神慮を奉如し、別儀を以て永く一円に社家に付すところなり。この上は、洛中辺土等無為分遵行《じゅんぎょう》あるべきなり。はたまた師郡(邦)においては、各別に相計らうべきなり。何ぞ異儀に及ばんや。者《てえれば》、亀《き》鏡《けい》に備えんがため、下《げ》知《ち》すくだんの如《ごと》し、

嘉慶元年十二月三日

左大臣源朝臣(足利義満)(花押)

まずaの文書は、将軍足利義満の意を受けて、管領斯波義将が発給したもので、一行目の内容から、このとき「北野宮神人」すなわち西京神人が酒麴役の免除を幕府に訴えていたことがわかる。これに対し義満は、次のような意向を、管領を通じて北野天満宮に伝えている。「西京神人は本来、酒麴の売買によって得た利益によって北野天満宮の神役に従うべきことになっているにもかかわらず、近年神人集団から離脱して西京ではない地域に住んだり、麴づくりの方法を習ってひそかに商売をしたりする者が出ているのは問題である。貞治年間に生じた造酒正《みきのつかさのかみ》(造酒司の長官)中原師邦《なかはらもろくに》らによる罪科(=酒麴役の催促)については、すでに朝廷側に奏

上したので、西京以外の地で麴業を営んでいる者は早く西京に戻り、北野天満宮の神役をつとめるようにしなさい、また麴業に従事しない者については、（北野天満宮の検断権が及ばない）洛中であっても北野天満宮の取り締まりの対象となるので注意しなさい」。

続くbの文書は、aが発給されて三か月ほどのちに発給されたものである。義満はここで、西京神人の酒麴役免除の訴えを斥ければ北野天満宮の祭礼・神事が滞ってしまうとして、酒麴役を「永く一円に社家に付すところなり」、すなわちこれまで造酒司が徴収していた酒麴役を北野天満宮に付与するとしている。その際、造酒正の中原師邦が主張する酒麴役賦課の正当性について、義満も理があると認めていることは注意される。ここから本来西京神人は、北野天満宮に神役を、また造酒司には酒麴役を納めることで、麴業を成り立たせていたことがわかるからである。義満政権期以降も、造酒司が京都の酒造業者・麴業者から酒麴役を賦課・徴収し続けたことをもふまえるならば、このとき西京神人の酒麴役免除が認められたのは特例的な措置であったといえる。そしてそれは、酒麴役から神役への振り替えという、神役への税負担の一本化によって可能となった。

北野天満宮の神役を滞りなくつとめるように促す義満の態度から、幕府にとっての北野天満宮とその祭祀がもつ意義の大きさがうかがわれる。このことについては後に改めて詳しく触れることとして、これまでの議論を改めて整理すると、西京神人は嘉慶元年以降、麴売買を通じて得られた利益の一部を神役として北野天満宮に納め、西京に居住することを「北野宮神人」たる要件としたこと、また造酒司の賦課する酒麴役を免除されたことがわかる。しかしそれは、北野天満宮に対する神役の負担への集中・徹底を条件とするものであった。すなわち西京神人が西京神人であるためには、①麴業を営んでいること、②西京に住んでいること、③北野天満宮に「神役」を納めること、の三つを条件とすることが、室町幕府によって確定されたのである。

このような身分を規定する条件の確定は、a・bのいずれも、「北野宮神人等申す酒麴役の事」などとして神人からの訴えが前提となっていることから、西京神人が北野天満宮に働きかけることによってなされたものと考えられる。a・bの文書が発給されてから六年後の明徳《めいとく》四年(一三九三)、室町幕府は「洛中辺土散在土倉ならびに酒屋役条々」という法令を発令し、京都の酒屋・土倉に対し、新たに室町幕府の「年中行事要脚《ようきゃく》」六〇〇〇貫文を賦課するに至っている。その際、造酒司の酒麴役賦課についてはそのまま認められており、以降、京都の酒屋は、幕府の賦課する酒屋・土倉役と造酒司の賦課する酒麴役とを負担することとなった。しかしこのときにも、西京神人については、酒麴役を免除されている。

このような優遇が、西京神人に認められた背景には、京都市政権を確立しながら商工業者に対する統制を朝廷とは異なる立場で独自に行おうとしていた室町幕府の思惑や、のちに述べる北野祭の復興をのぞむ北野天満宮側の思惑、さらには将軍義満の北野天満宮に対する信仰など、いくつかの要因が存在した。酒麹役が免除となったことは、西京神人にとって大きな特権となったが、それが北野天満宮に対する神役の負担の強化とセットであった点には注意が必要である。「神役」の具体的な内容については次章で述べるが、麹業による利益の一部の上納のほか、北野祭への奉仕、さらには西京にかかる年貢・公事など、さまざまな要素を成していた。

麴業をめぐる由緒

ところで、そもそもどのような経緯で西京神人は、麴業を営むことになったのだろうか。先に示した斯波義将の書状に、「西京の所業」とあるように、西京という空間と麴業とが密接不可分の関係にあることは、明らかである。しかし文献史料のうえで、西京神人が具体的にいつからどのように麴業を営むことになったのか、残念ながら明らかにすることはできない。

二〇一八年まで西京の二保御供所（保については第四章で後述）付近の地に所在した神人家の川井家は、応仁元年（一四六七）の建築と伝えられ、正徳年間（一七一一〜一七一六）に改造されたのち、幕末に増築された、「京都では最古の町家建物」であった。二〇一二年に、放射性炭素年代法を用いた調査が行われており、「江戸中期に大きく改造されてはいるものの、主要部材は江戸時代以前の伐採であることがほぼ確実になった」との結果が出されている（中尾七重・永井規男「川井家住宅の放射性炭素年代調査について」）。その建物の玄関を入ると土間があり、その土間の片隅には江戸時代まで使用されていたと伝えられている麴甕《こうじがめ》と看板、秤《はかり》が置かれていた（口絵参照）。

この川井家の麴甕については、「はじめに」でもふれたとおり、小野晃嗣氏が戦前の一九三七年に発表した論文「中世酒造業の発達」で、中世の醸造・貯蔵容器である「酒壺」として詳しく紹介している。小野氏によれば、中世の醸造・貯蔵容器は、陶製の「甕即ち壺」であったといい、酒麴役もまた酒壺に対し賦課されたものであったという。そしてその容量は、『多聞《たもん》院《いん》日記』をはじめとする文献史料により、二石か三石であったと考えられるものの、中世において酒造で名をはせた菩提山《ぼだいさん》（奈良正暦寺《しょうりゃくじ》の山号）においてすら一つも遺物がのこっていないために、証明できないとしている。そのうえで、次のような文章を記している。

しかし幸に京都北野社神人の後裔《こうえい》として今なお西京に住して居られる京都府立医科大学教

授川井銀之助氏の庭前に、天水桶に代用せられている壺が偶然酒壺であることを発見し得た。これはかつては附近の藪《やぶ》に無数に放棄せられていた壺の一つであるとのことである。この甕を酒壺であると認めた根拠は、その上部前後に陰刻せられた〽上三石入との銘文によるものである。ただ単なる水甕とすればこの銘は不必要であるからである。この壺は中世の遺品であるとは断定し得ないが、文献的史料と併せ考察する時、二石乃至三石というのが中世・近世初期を通じての酒壺の一般的容量であったのではあるまいか。また陶器製作技術の方面より見て、これ以上の容量を有する壺の製作は困難であったであろう(一四五頁)。

右の記述から、小野氏が川井家を訪問し、当時の当主であった川井銀之助氏から聞き取りを行いつつ、麴甕を調査し、中世の醸造・酒造をしのばせる遺物として注目していた様子がうかがえる。

二〇〇三年九月一二日に、筆者は川井家を訪問し、銀之助氏の孫にあたる、川井清人氏からお話をうかがう機会を得たが、その時にはすでに麴甕は玄関に置かれており、「天水桶」に代用されている状況にはなかった。しかしこうした麴甕が、昭和初期にはまだ川井家近隣の藪に多数存在していたこと、小野氏が西京神人の末裔として川井家を認知しており、その庭先におかれていた壺の陰刻に注目し、酒壺として認定していることは興味深い。後にふれるように、小野氏が出会った川井銀之助氏は、京都府立医科大学教授の職にありながら、自らも西京や西京神人の歴史を研究し続け、その成果を論文にまとめあげるばかりでなく、神人としてのつとめを継承していくため、資料をあつめ記録にのこした人でもあった。

その銀之助氏から、神人の歴史や家の歴史を幼いときから聞かされて育ったという川井清人氏のお話によれば、西京の地一帯の家々では昔は農業に従事しており、秋に収穫した稲を置いておくと、毎年のように紙屋川（天神川の上流部）の「てっぽう水」にあったという。そしてその後の洪水によってぬれた稲から黄黴が発生して、麴ができるようになり、麴業が発達していったのだという。こうした話を直接に裏付ける史料はないものの、西京が中世はもとより近代に至るまで農村的景観を帯びていた地であったこと、その西京を縦断しながら紙屋川が流れていることをふまえると、紙屋川の氾濫が、農業から麴業を発達させていったという口伝《くでん》の内容には、説得力がある。それがいつのことなのか、残念ながら判明しないものの、現代に至るまで、この地がかつて麴業で栄えた地であることを確かに示す人と遺物が存在し続けたことは注目される。

二〇二〇年一月八日付『京都新聞』朝刊一面は、解体された川井家住宅の跡地から、室町期の建物柱穴とともに、麹業の痕跡が発見されたと伝えている。その痕跡について、「地面を掘り込んだ土取り穴(南北五メートル、東西四メートル)から麹室《むろ》に用い、廃棄されたとみられる土壁が出土した。土壁は窯用と同じように稲わらを粘土に混ぜて造られ、耐久性を高めていた。火で熱して温める火炉(直径〇・五メートル、深さ〇・一五メートル)、桶を埋めたような穴(直径一・二メートル、深さ〇・五メートル)もあった」と、詳しく伝えている(二四面)。そして麹室は一般に地下式が多いとされているなか、川井家跡地から見つかった麹室は地上式であったとみられること、川井家が江戸後期の一八三〇年(天保元)に増築されるのにともない、廃棄された可能性が高いことを指摘している。

これらの発掘調査や、麹甕、看板が江戸時代まで使用されていたとの川井家の語りをふまえるならば、川井家では近世においても麹業を存続させていたものと考えられる。のちにふれるように、近世の西京神人は、一方で神職としての性格を帯びるようになっているが、西京神人と麹業の結びつきが近世においてもなお強固であったことをよく示している。

麹業の独占

さて、足利義満政権期に、造酒司の酒麴役を免除されることになった西京神人は、麴業について、次の足利義持政権期になるとさらに大きな特権を室町幕府から認められることになる。

北野宮寺神人等申す酒麴の事、西京の所業として、かの得利を以て神役に相従うのところ、近年、洛中辺土室を構えるにより、神人等牢籠《ろうろう》せしむるの間、神役闕怠《けったい》に及ぶべきの条、甚《はなは》だしかるべからず。所詮往古の例に任せ、他所の室においては、永く停止せしむるところなり。何ぞ成業に非ざるの族異儀に及ばんや。しかれば早く社家この旨を守り、神役を専《もっぱ》らにすべきものなり。よって亀鏡に備えんがため、下知すくだんの如し、

応永廿六年九月十二日

従一位源朝臣(足利義持)(花押)

この下知状(将軍の命令を下達する文書)は、次のような内容である。西京神人が麴業の利益を通じ、北野天満宮の神役を負担していたところ、近年「洛中辺土」の地において麴室を構える者がいる。そのために神人が困窮し、結果神役も負担し得なくなりそうな状況であるため、西京以外の「他所」で麴室を構える者については、今後麴業を営むことを禁止することが命じら

れている（『古文書』七号）。ここで、西京以外の場所で麴室を構えてはならないのが「往古の例」すなわち昔からの例であるとされているのは、必ずしも事実を反映したものであるとは思われないものの、先にみた義満期の文書に、麴業者の西京への「還住」（本来の住所にかえり住むこと）が求められていることと対応していよう。そして右の文書ではさらに、西京以外の地で麴業を営むこと、すなわち西京神人ではない者が麴業を営むことが禁止されているのであり、このことは、室町幕府が、西京神人に対し京都における麴の製造・販売の独占権を付与したことを意味した。

これが単なる命令で終わらなかったことは、右の文書が発給されて二日後の九月一四日に、侍所頭人一色義範《いっしきよしのり》に対し、「洛中辺土室」を停止し、麴業については西京神人のみが営むものとするよう義持の命令が下されていること、さらに、九月二八日には一色義範から侍所所司代氏家範長《うじいえのりなが》に対し、「洛中辺土室」の停止を確実に行うよう命じていることから明らかである（『古文書』八・九号）。そして、麴室の停止を命じられた西京神人以外の「洛中辺土」の麴業者から、今後麴室を構えないことを誓約した請文《うけぶみ》（命令に対する承服書）が提出されることとなった。請文は現在、五二通が現存しており、北野天満宮に所蔵されている（『古文書』一〇〜六一号）。一例を示そう。

五条坊門室町西南頬《つら》土倉、公方よりおほせかうふり《仰蒙》候間、いまより後ハかうし《麹》仕候ましく候。

応永廿六年九月廿九日

祐光（花押）

町人かうあミ（略押）

洛中の「土倉」（金融業者）でもあり麴室を構える酒屋でもあった（当時は土倉と酒屋を兼業することがまま見られた）祐光が、今後は麴業に携わらないことを誓約し、その制約を「町人」である「かうあミ」が保証している（『古文書』一〇号）。このような様式の請文のほか、次に示すように、かなり詳細に誓約内容を記した請文も存在している（『古文書』二七号）。

四てうのはうもん《条坊門》と六かく《角》とのあい《間》たあふらのこうち《油小路》ひかし《東》のつら《頬》のさかや《酒屋》のむろ《室》の事、くはう《公方》の御つかい《使》の御らん《覧》候ところにてこおし《毀》申候。よんて《仍》こ日《後》ためにしやう《状》くだんの如し。

おうゑい廿六年
亥十月三日

いま《(今)》よりのちむろ《(室)》たて候ハヽ、ちやう人《(町)》とし候て、ちうしん《(注進)》申入候へく候、《(ママ)》

隆重(花押)

ちやう人さこの二郎(略押)

ここでも、同じく洛中で酒屋を営んでいた隆重が、今後は麴業に携わらないことを誓約しているが、単に誓約するばかりでなく、実際に公方(足利義持)の使者の面前で麴室を破却していることがわかる。そして町人の「さこの二郎」が、今後万一麴室を造るようなことがあれば、幕府に注進することを誓約している。

右の事例のように、義持の使者が酒屋・土倉のもとに派遣されたことを明確に示す請文は全五二通のうち七通で、「室」の破却について言及しているものは一五通である。また「町人」の証判等の確認される請文は、全五二通中二四通で、約半数となっている。必ずしも様式が一定していない請文ではあるものの、作成者である酒屋・土倉の在所・名・日付が書かれている点は共通しており、洛中や清水寺の門前など、まさに「洛中辺土」の酒屋・土倉の手によって書かれたものとなっている。

日付を確認すると、最も古いもので九月二九日付の請文が存在することから、義持の命令が侍所所司代に伝えられたその翌日から請文の提出が始まっていることがわかる。そして、一一月一五日付の請文が最も新しい日付となることから、五二軒の提出が終わるまでに約二か月がかかったこともわかる。

いずれにしても、こうした事実から、将軍義持が麴業の独占という、西京神人への優遇政策を徹底したことが明らかとなるが、いったいなぜ義持はこのような極端ともいえる政策を行ったのであろうか。その理由を明確に記す史料は確認できないが、義持の発布した禁酒令との関わりから、京都における酒造量削減をはかるためであった可能性が指摘されている（清水克行「足利義持の禁酒令について」）。

こうした指摘とあわせて、義持が先の文書において西京神人に麴業の独占権を付与するにあたり、「神役闕怠」、すなわち西京神人が北野天満宮への神役の負担を怠ることを防ぐ意図をもっていたことも注目される。ここで問題となっている神役の具体的な内容は、義満期から問題となっていた「祭礼・神事」、特に次章でふれる祭礼（北野祭）であったと考えられる。西京神人に麴業独占が認められたその翌年、「洛中辺土」の酒屋・土倉の多くを組織していた比叡山延暦寺（山門）の僧侶集団が、山門と本末関係にあった北野天満宮の「神祭」を衰微させないため、西京神人の麴業独占を認める誓約を行っている（『北野社家日記』第七巻）。

山門にとって、西京神人の麴業独占は決して好ましい事態ではなかったにもかかわらず、このような誓約をしているのは、末社の祭礼の興隆という名目があったからであった。さらにこの誓約の中心に、室町将軍とのつながりが深い「山門使節」とよばれる僧侶たちが存在しており（第四章で詳述する）、山門側による末社の「神祭」を衰微させないための麴業独占の認可という名目は、義持の意向をくんだものであった可能性が高い。

このように義持が神役の円滑な遂行にこだわる前提には、強烈な北野信仰があった。義持が将軍御師であった社僧の松梅院《しょうばいいん》禅能との関係を強め、北野天満宮にたびたび参籠していたことがすでに指摘されている（桜井英治『破産者たちの中世』）。もともと信心深く、諸寺社への参詣・参籠を頻繁に行っていた義持が、とりわけ多く参詣・参籠したのは、石清水八幡宮と北野天満宮であったといい、特に出家した応永三〇年（一四二三）以降は北野天満宮での長期滞在が目立つようになった。

そして、義持が北野天満宮に経済的諸特権を付与した文書の多くは、北野天満宮参籠中に発給されたものであり、先に示した西京神人への麴業独占権の付与を認める下知状も、義持が北野天満宮参籠中に発給したものであった(前掲桜井書)。すなわち『看聞日記《かんもんにっき》』・『満済准后日記《まんさいじゅごうにっき》』により、義持が応永二六年(一四一九)九月一〇日から北野天満宮に参籠していたこと、下知状発給の翌日の一三日にも参籠中で、一八日になって伊勢参詣に赴いていることを確認することができる。したがって、西京神人に麴業の独占権が付与されたその前提には、義持の北野信仰があり、その信仰を具現化するために、神人への優遇政策が布かれたとみられるのである。

そもそも室町期の政治においては、しばしば「神慮」が重視されていた。同じ義持期に石清水八幡宮神人の嗷訴《ごうそ》(宗教的権威を背景に強硬な態度で引き起こされた訴訟)が頻発した背景には、嗷訴を神慮そのものと捉える当時の観念と、義持の石清水八幡宮への敬神を楯として「理不尽の訴訟」を押し通そうとする神人たちの思惑があった(桜井英治『室町人の精神』)。また、六代将軍義教が、石清水八幡宮の神前における籤引き《くじび》によって将軍に選ばれたこともよく知られている。

さらに、後にもふれる事例であるが、寛正《かんしょう》二年(一四六一)、飢饉によって祭礼役負担者のなかに餓死者が多く出たため、北野祭の執行が危ぶまれる状況となった際、幕府は形ばかりでも祭礼を執行するよう北野天満宮に命じている。祭礼どころではないはずの状況においても、祭礼の執行が強行され、またそれを神社や祭礼役負担者が受け入れているのも、飢饉のような災害時こそ神仏の力をたのむ必要があり、祭礼や神事が滞りなく行われることを、統治する側もされる側も強く望んでいたからであった。

請文の伝来

これまでみてきたように、将軍足利義持によって、西京神人に麴の製造・販売の独占が認められた結果、「洛中辺土」の酒屋・土倉は麴業を停止することとなり、その旨を誓約する請文が作成された。それではこの請文は、どこに提出されたのだろうか。本章の最後に、この問題について考えてみたい。

これまでの研究において、請文の提出先については、北野天満宮とする説と、室町幕府侍所とする説とが存在する。このうち前者については、おそらくこの請文が北野天満宮に現存していることから導き出された説であると考えられる。

しかし、請文五二通はもともと、明治五年(一八七二)まで、西京神人の信仰拠点として西京の地にある安楽寺天満宮(前章参照)に所蔵されていた(山田雄司『跋扈する怨霊』)。そして実は、これまで紹介してきた、足利義満・義持が発給した文書も、同様に明治五年まで安楽寺天満宮に所蔵されていたのであり、北野天満宮に現存するのは上地令によって御神体と宝物が北野天満宮に移転したからであった。したがって、請文五二通をはじめ、西京神人の麴業の特権に関わる文書は、少なくとも近世までは西京神人が所持し続けていたことになる。

それではいったい、いつから西京神人はこれらの文書を所持していたのであろうか。西京神人の麴業の特権は、その後、将軍の代替わりごとに喪失の危機を迎えることになるのであるが、嘉吉三年（一四四三）に七代将軍義勝の死を契機に、麴室の復活を望む京都の土倉・酒屋とこれを押しとどめようとした西京神人とが相論《そうろん》となった際には、双方ともに「先例の支証《ししょう》」すなわち主張の根拠となる証拠文書を幕府に提出している（『康富記』嘉吉三年九月一八日）。このとき、西京神人が提出した「支証」とは、まさに明治初年まで西京神人が所持し続けた文書の一部であったのではなかろうか。

後に詳述するように、右の相論から半年後の文安元年（一四四四）四月に、西京の麴業の独占権は失われることになるが、その後戦国期に至ってもなお西京神人は独占権の復活を望み続け、天文《てんぶん》一四年（一五四五）に再びその獲得に乗り出している。このとき西京神人が幕府に提出した申状《もうしじょう》には、「先年」に洛中洛外の土倉が捧《ささ》げたとされる「起請文《きしょうもん》」・「請文」についての言及があり、幕府の側もまた「数通之証文」を根拠に、神人の主張を認めていることがわかる（桑山浩然校訂『室町幕府引付史料集成』上巻「別本賦引付《くばりひきつけ》」一、『古文書』八七号）。

またこのとき、西京神人から麹を「恣《ほしいままに》売買」していると非難された洛中洛外の土倉も、文安の麹騒動で北野天満宮を焼失させるという不忠を犯した西京神人が「古文書等」を捧げ麹業の独占を主張するのは問題である、と主張している（『室町幕府引付史料集成』上巻「別本賦引付」一）。

ここから、遅くとも一六世紀半ばには、請文をはじめとする権利文書を西京神人が所持していたものと考えられる。すでに一五世紀半ばの段階で、麹業の独占の維持が危ぶまれた際に、西京神人が「支証」を幕府に提出していることをふまえるならば、先に引用した、西京神人の麹業に特権を付与した足利義満・義持の発給文書や、五二通の請文は、いずれも発給された当初は北野天満宮に渡されたものであったとしても、そう時をおかずに権利を付与された主体である西京神人のもとへとわたった可能性が高いと考えられる。

現在、五二通の請文は二本の巻子《かんす》本《ぼん》（巻物）に仕立てられていることが、本文書の写真によって確認される（東京大学史料編纂所所蔵写真帳「北野天満宮文書」一・四）。注目されるのは、その修補奥書に、「京中酒麹師起證文弐拾六枚嘉永《かえい》四亥修復北野社人中／菅公九百五拾年御忌《ごき》改」と書かれていることである。「北野社人」とは、近世における西京神人の呼び名であり、嘉永四年（一八五一）に西京神人がこの年執り行われた万灯《まんとう》祭（道真が亡くなってから五〇年ごとに行われる行事。五〇年に一度大万灯を行い、大万灯から二五年たつと半万灯を行う）にあわせて請文を修補していたことがわかる。

現在、これらの請文を含む九九点の安楽寺旧蔵文書は、北野天満宮の所蔵となって国の重要文化財に指定されている。中世の西京神人の獲得した権利付与文書が、中世そして近世を通じて西京神人によって大切に保持され続けたことは、明治初年の神仏分離政策や上地令の影響等によって見えにくくなっている。麴業が衰退してもなお、西京神人が権利の復活を望み、神人の共同体を文書とともに保持し続けたことを、ここで改めて確認しておきたい。

第三章　北野祭と西京神人

北野祭の成立と展開

前章で述べてきたように、将軍足利義満・義持の西京神人に対する特権付与の前提には、「祭礼・神事」の興隆があった。実は足利義満政権期は、平安時代に始まる北野祭に大きな変化がもたらされた時期に相当している。そして北野祭は、鎌倉期の西京神人の初見史料に見えていることから明らかなように、西京神人とかかわりの深い祭礼であった。そこで本章では、北野祭がいかなる祭礼であったのか、また義満政権期にどのような変化が起こったのか、述べていくことにしたい。

まず、北野祭がいつから始まった祭礼であるのかという点から説明していくと、『小記目録』に寛和《かんな》二年(九八六)九月四日条を初見とし(久米舞子「平安京「西京」の形成」)、『菅家御伝記』に「外記日記に曰わく、一条天皇永延元年八月五日、北野聖廟祭祀を始行《しこう》す」と見えることから、九八六年もしくは九八七年頃には始まっていたものと考えられる。その後一一世紀初頭には、内蔵寮使《くらりょうし》が派遣されて奉幣《ほうへい》を行う「公的性格」を帯びた祭礼となっていたことが指摘されており、永承《えいしょう》元年(一〇四六)に、後冷泉《ごれいぜい》天皇母の藤原嬉子《きし》の国忌と重なるため、祭日が八月五日から四日に改められ、平安末期には四日に官幣を立て五日に御霊会《ごりょうえ》を行う祭礼となった。

さらに建久五年（一一九四）の書写奥書のある「天神記」に、「北野の御こし（輿）の西京のたひ（旅）所」への神幸《しんこう》についての記事が見られることなどから、平安後期には八月一日の神幸と四日の還幸《かんこう》から成る御旅所祭祀が始まっており、この御旅所祭祀がすなわち「北野御霊会」の内容であった可能性があるという（岡田荘司「平安京中の祭礼・御旅所祭祀」）。その後正応年間（一二八八〜一二九三）には北野臨時祭が始まるとともに、北野御霊会に朝廷から馬長が「騎進」された。さらに南北朝期に入ると、「文殿歩田楽等」も祭礼の行列に連なるようになっていった。

北野天満宮にはまた、「三年一請会《さんねんいっしょうえ》」とよばれる祭礼も存在した。そのいわれと内容について、北野天満宮「旧古引付書抜」には、村上天皇の時代の天暦《てんりゃく》年中（九四七〜九五七）に始められ、御輿長《みこしおさ》や駕輿丁《かよちょう》らが神輿を舁《か》く祭礼であったこと、また大蔵省の役人が神宝持をつとめ、かつ神輿修理にあたり神輿の破損状況を調査しその結果を注進するものであったことが見えている（『北野天満宮史料　古記録』）。室町期の「三年一請会引付」には、「祭礼ならびに三年一請会」と記され、北野祭と三年一請会とは別の祭礼であったことがうかがえ、また後述するように両者は経済基盤も異にしていた。すなわち北野祭が毎年行われる祭礼であったのに対し、三年に一度、北野祭の執行を前に神輿を点検するための儀式として開催されるのが三年一請会であったと考えられる。
北野祭がどのような経済基盤のもとで執り行われていたのか、成立期の状況については不明であるものの、鎌倉期については、朝廷官司の蔵人方《くろうどかた》が運営を奉行《ぶぎょう》し、大蔵省・率分所《りつぶんしょ》の年預《ねんよ》が祭礼用途を諸国から調達して執行されるものであったことがわかる（拙稿「北野祭と室町幕府」）。しかしながら、祭礼に必要な費用や物資の調達は必ずしもうまくいっておらず、寛喜《かんぎ》三年（一二三一）には、御旅所へと神輿が巡幸する神輿迎《みこしむかえ》に際し、率分所年預から納められるはずの費用や物資が納められなかったために、神輿をかつぐ御輿長と駕輿丁が訴訟をし、神輿を抑留する事態となっている（『民経記《みんけいき》』八月一日条）。

一方、三年一請会については、三年に一度成功《じょうごう》によって費用が工面され、神輿を修理することになっており、その監督責務は大蔵省が担っていた（前掲拙稿）。弘安七年（一二八四）には、大蔵省年預業弘《なりひろ》が「三年一請神輿御装束」を二万五〇〇〇疋《びき》の成功を付されて調進していることがわかる（『勘仲記』弘安七年八月四日条）。しかし弘安一〇年（一二八七）には、八月一日の神輿迎の日に至っても費用が不足していたために神輿の餝《かざ》りを新調することができず、「古物の御装束を以て大政所《おおまんどころ》に渡御《とぎょ》す」と史料に見えている（『勘仲記』八月一日条）。

このように鎌倉期において、北野祭も三年一請会も、費用の調達が常に順調であったとはいいがたく、大蔵省や諸国の財政状況等に左右されながら執行されていた。その後南北朝期に入っても、それぞれ引き続き執り行われていたことは確かめられるものの、文和《ぶんな》二年（一三五三）の『園太暦《えんたいりゃく》』八月四日条に、「今日北野祭これ無きか。無主の朝毎時この式か。今年三年一請の期に相当すと云々。しかるに祭礼延引尤《もっと》も不便か。但し正和三年（一三一四）比《ごろ》にその例あるか」とみえるように、北野祭も三年一請会も、戦乱によって朝廷行事にも支障が生じつつあるなか、執行し得ない状況となっている。そしてこうした状況を打開しようと動き出したのが、朝廷に代わって京都市政権の掌握を進めつつあった、室町幕府であった。

祭礼の再編

それでは幕府は具体的に、どのように状況を打開していったのだろうか。

まず三年一請会の場合についてみていくと、二代将軍足利義詮《よしあきら》政権期の貞治年中（一三六二～一三六八）に、室町幕府奉行人の安威《あい》左衛門入道資脩《すけなが》が「奉行」（祭礼の執行責任者）となって、三年一請会を執り行っていることがわかる（『北野天満宮史料　古記録』所収「三年一請会引付」）。そして、鎌倉期と同様に大蔵省年預が神輿の点検を行うこと、二五〇貫文（二万五〇〇〇疋）の費用が調達されることとなったものの、その費用は、成功によってではなく能登国菅原庄《すがわらのしょう》の

「庄役」一五〇貫文と、西京の酒屋・土倉に賦課された一〇〇貫文によって賄われている。菅原庄が三年一請会の費用を負担したのはこのときが初めてであり、また西京の酒屋・土倉への課税は、本来、奉行の安威資脩が負担すべき費用を負担できなかったために将軍義詮の命令で賦課されたものであった。したがって、いずれの財源も幕府の主導により整備されたものと考えられる。

その後、将軍義満の時代に入ると、康応《こうおう》元年(一三八九)の三年一請会は、能登国菅原庄の「庄役」一五〇貫文と義満の寄進した一〇〇貫文とによって行われるとともに、新たに加賀国笠間保《かさまほ》が三年一請会料所として寄進されている(前掲「三年一請会引付」)。そしてこれ以降、三年一請会は、能登国菅原庄と加賀国笠間保を重要な経済基盤として行われるようになっていくのである。

次に、北野祭の場合についてみていくと、同じ康応元年、北野祭については、加賀国笠間保から三〇貫文が納入されていること、明徳二年(一三九一)以降、つねに加賀国笠間保から二五貫文が納入されていることがわかる。すなわち、三年一請会の基盤ともなっていた加賀国笠間保から費用が調達されていたことが知られるのであるが、二五貫文という額は、三年一請会が二五〇貫文で執行されていたことをふまえても、少額に過ぎる印象がある。

そこで浮上してくるのが、西京神人による祭礼役負担、すなわち麴業の特権付与と引き換えの「神役」負担である。時代は下るが、文安二年(一四四五)の北野祭について記した「祭礼引付」(『北野天満宮史料　古記録』)には、前年に起きた「文安の麴騒動」(第四章参照)の影響により、西京の人々が困窮していたため、祭礼執行が危ぶまれる状況にあったこと、しかしながら幕府が、去年祭礼が執り行われず残念だったので今年は行うように、そのかわりに今年は西京で用意する「馬上七騎」のうちの「五騎」を省略し「二騎」のみでかまわない、と提案したことから、執行することに決まったことがわかる。

これに続く記事には、「祭礼始《はじめ》」の儀式で芸能奉仕をすることになっていた師子《しし》(獅子舞)の給分について、西京と大宿直《おおとのい》(織物業者で、西京神人と同様に北野天満宮神人であった大宿禰《おおすくね》神人の集住地)が負担することになっていたところ納められていないため、北野天満宮が両地に使者を派遣し、給分を納めるよう催促したことが見えている。催促している北野天満宮側も師子側も、西京の困窮ぶりに配慮する様子を見せており、師子については西京の負担を軽減するためか神事に参加しないことを申し出たものの、結局「西京五保」から四貫四〇〇文が届けられている。

以上の文安二年の北野祭の様相から、一五世紀半ばには、西京の住人が北野祭にあたり「馬上七騎」を用意することになっていたこと、さらに師子の芸能奉仕に対する給与も負担することになっていたことがわかる。すなわち鎌倉期の様相とは異なり、西京と大宿直の住人が祭礼費用の一部を負担するしくみとなっていたのである。

それではこの「祭礼引付」に見える、「馬上七騎」、あるいは「五保」とはいったい何を意味する言葉なのであろうか。これについては、「祭礼引付」の少し前に書かれた寛正《かんしょう》二年(一四六一)の「禅盛記録抄」が参考になる(京都国立博物館編『特別展覧会　菅原道真公1100年祭記念北野天満宮神宝展』二二九頁)。すなわち同記録には、この年の北野祭の「渡物《わたりもの》」を「大宿直九保」のうちの殿守《とのもり》保と「七保」とで用意することになっていたこと、しかしながら飢饉によって殿守保の町人が餓死する状況となっていたため、「七保」のみで形ばかりの渡物を用意するよう幕府の命令が下されていることがわかる。「渡物」とは、一般には「祭礼などに、市中をねり歩く山車《だし》や行列など。ねりもの」(『日本国語大辞典』小学館)をさす言葉である。文安三年(一四四六)の北野祭の様子について記した『北野社家日記』(北野天満宮僧が書いた日記)第七巻に、「西京御鉾《おんほこ》等渡り候」、「西京鉾の衆舁手《かきて》を撰び、戌剋《いぬのとき》に神幸これあり」とあることから、ここでは具体的には「鉾」をさすものと考えられる。

時代は少しさかのぼって、足利義満政権期の明徳二年(一三九一)の北野祭について記した

「三年一請会引付」(前出)には、「一、その後一の御鉾参るの後、神輿神幸す。保々の御鉾先の如く参る」との記事が見られる。すなわち、すでに一四世紀末には北野祭に鉾の行列が繰り出す状況となっており、それを用意したのは「保々の御鉾」とあるように大宿直と西京それぞれの「保」であった。したがって、この寛正二年に殿守保とともに鉾を用意した「七保」とはすなわち、西京の七保を意味したものと考えられる。

そして先に見た「祭礼引付」で、師子の給分を納めたのが「西京五保」となっていたのは、本来「馬上七騎」(鉾と同意か)と師子の給分を負担することになっていた「西京七保」のうち「二保」が鉾を用意し、のこる「五保」が師子の給分を納めたことを意味した。さらに後述するように、「保」が神人が神役を負担するための空間をさしたことをもふまえると、足利義満政権期以降の北野祭は、西京七保神人と大宿直九保神人とが、それぞれ鉾と師子の給分等の祭礼費用を用意・負担する祭礼へと変化したものと考えられる(前掲拙稿)。

西京神人の初見史料が鎌倉後期の北野祭に際してのものであることをふまえると、義満政権期以前から、西京神人と大宿直神人は北野祭に何らかの関わりを持っていた可能性が高い。康応元年(一三八九)の「三年一請会引付」に、「西京神人ならびに大宿禰神人等長具足停止の事、雑色を以て侍所より相触れ了んぬ」、「恒例の如く西京神人等弓矢長刀鑓等悉《ことごと》く停止す、太刀ばかり帯びる」とあることから、これ以前は神幸・還幸の警固役として神輿行列に加わっていたものと考えられる。

しかし義満政権期以前の北野祭において、神人の用意する御鉾の巡行の存在は確認することできず、また神人が祭礼費用を負担した事例も確認することができない。したがって、義満政権期において、北野祭の祭式と財源が大きく変化したことになり、とりわけ先に見た能登国菅原庄の庄役と神人による費用負担は、それ以前の大蔵省・率分所による祭礼費用の調達にかわる意味を持った。そして文安二年（一四四五）の北野祭や、また寛正三年（一四六二）の北野祭において、八代将軍足利義政の指示が祭礼の執行の有無やその内容に重大な影響を与えていたことからみて、こうした祭礼の再編を主導したのは室町幕府、とりわけ義満であったと考えられる。

義満の北野祭見物――統治主体の変換

それでは、義満政権期に再編された北野祭は、どのような内容の祭礼だったのだろうか。これを、「三年一請会引付」（前出）から確認すると、まず、七月二〇日に「祭礼始」の儀式が執り行われ、師子が芸能奉仕をしていることがわかる。そして、北野天満宮から西京神人と大宿禰神人のもとへ使者が派遣され、神供《じんぐ》や鉾を準備するよう通達していることもわかる。次いで二三日には、北野天満宮から御旅所へと神輿を舁くことになっている四府駕輿丁《しふ》に、八月一日に予定されている神幸の時刻を通達している。さらに西京神人に、神幸路の整備を命じている。

八月一日の神幸当日は、辰刻（午前八時ごろ）に神供を神前に供えたのち、神楽《かぐら》が奏され、巳刻（午前一〇時ごろ）に神輿（大御前神輿と王子殿神輿）が拝殿に出御となり、その場で師子・田楽による芸能が執り行われる。そののち神前と老松殿に新たに神供が供えられ、「一御鉾」が西京から北野天満宮に到着したところで、神輿と「保々御鉾」が西京御旅所へ神幸するとともに、社僧が大蔵省の御幣を捧げている。神輿が御旅所にある八月二・三日の北野天満宮拝殿には、燈明がともされるとともに、大座神人による神饌《しんせん》が捧げられている。

そして八月四日に還幸となり、西終刻（午後七時ごろ）、西京御旅所から北野天満宮境内へ神輿が渡され、社僧が大蔵省の御幣を捧げる。そして臨時祭を執り行うため、勅使として菅原氏の氏長者《うじのちょうじゃ》が北野天満宮に派遣されている。翌五日には、御霊会が開かれ、師子・田楽の演舞ののち、舞楽が奏され、さらに相撲も執り行われている。すなわち北野祭は、祭礼始や臨時祭、御霊会などさまざまな儀式を内包させながら、二週間にわたって繰り広げられる祭礼となっている。

ここで注目されるのは、八月四日の還幸を、足利義満が見物する場合があったことである。

「三年一請会引付」から、明徳二年（一三九一）・応永四年（一三九七）・応永八年（一四〇一）に、見物していることがわかる。その様子については、明徳二年の場合が最も詳しく、冒頭に「四日祭礼先々のごとし、御所様御見物これあり、御車の先々のごとく平松下ニ立てらる」と見え、「先々のごとし」・「先々のごとく」とあることから、義満の見物がこれ以前からあったことがわかる。さらに、これに続く記事から、見物に際し、あらかじめ幕府侍所の役人が義満の指示によって西京と大宿直に派遣され、義満の車が「大宮の道」（現在の御前《おんまえ》通をさすか）に到着次第、「渡物」を渡すよう指示していることもわかる。すなわち義満は、祭礼の進行そのものに関与しうる位置にあり、とくに西京神人・大宿禰神人の鉾の巡行に強い関心を寄せて見物していたのである。

　したがって、義満による北野祭の再編とは、経済基盤の再編と祭礼の内容そのもの再編との、二つを意味した。そして、そのいずれにも西京神人が関与していた。同様に足利義満政権期に再編された京都の祭礼として、祇園祭がある。祇園祭もまた、義満政権期に、神輿渡御の費用を京都の土倉・酒屋が負担するしくみが新たに作られるとともに、山鉾巡行が本格化し、代々の将軍が山鉾巡行を見物する祭礼へと変化している。こうした祭礼の再編は、足利義満政権による京都支配の進展や民衆の統治と連動して展開されていったものであり、京都を統治する主体が朝廷から幕府へと変化していることを浮き彫りにしたといえる。

　その一方、北野祭の再編において、西京神人が鉾の準備と費用負担において大きな役割を果たした背景に、朝廷の賦課する酒麴役の免除があったことは注目される。先に掲げた足利義満の下知状に「所詮当社祭礼・神事以下、かの神人等の訴達せざれば、忽《たちま》ちに違乱《いらん》に及ぶ」とあることからも明らかなように、酒麴役免除は西京神人の要請によって行われたものであると同時に、免除なくして祭礼の再編はかなわなかった。すなわち義満による北野祭の再編の前提には、西京の麴業の興隆をのぞむ神人たちの主体的な動きがあったのである。

北野祭から瑞饋祭へ

　さて、一四世紀末の義満政権期に再編された北野祭は、一五世紀半ばに生じた寛正の飢饉や文安の麴騒動によって衰退の危機を迎えつつも存続した。しかし『長興宿禰記《ながおきすくねき》』文明一四年（一四八二）八月四日条に、「北野祭沙汰に及ばず、一乱以来の儀なり」と見えるように、応仁の乱を契機に断絶してしまう。一五世紀半ばに北野天満宮の下級僧能勝《のうしょう》によって書かれた「能勝古記御神事日記」・「能勝古記」（『京都橘大学史料研究報告集第六集　北野社宮仕沙汰承仕《みやじさたじょうじ》家資料・中世史料稿本「古文書編」／「古記録・編纂物編」』）から、応仁の乱の直前まで、義満政権期とほぼ変わらぬ内容で祭礼が執行され続けた様子がうかがえるものの、北野祭の再編を主導した幕府の分裂や、戦乱による西京の焼失などの影響によって断絶したものと考えられる。

現在、北野天満宮と西京の住人の方々とによって、この北野祭の名残をとどめる瑞饋祭《ずいきまつり》とよばれる祭礼が、毎年一〇月に行われている。「瑞饋祭」の名からも明らかなように、この祭礼を象徴するのが、西之京瑞饋神輿保存会によって製作されている「瑞饋神輿」で、野菜や花・果物などの農作物や海苔などの海産物を用いてつくられるお神輿である。

瑞饋神輿

この瑞饋神輿がいつから存在する神輿なのか、文献史料で明確にすることは難しい。ただし、明治三〇年(一八九七)に、当時川井家の当主であった川井菊太郎氏(清人氏の曽祖父)が神人家において語り継がれてきた瑞饋神輿の歴史についてまとめた、「瑞饋神輿略記」(以下、「略記」と表記)から、おおよその歴史がわかる。

すなわち「略記」には、永延元年（九八七）八月五日に北野祭が創祀されて以後、この日に西京神人が瑞饋祭の御供を奉仕するようになったとある。そして「応仁兵乱」によって北野祭が断絶して以降は、瑞饋祭を九月四日に行うようになったといい、西京神人の家ごとに、神饌を一台ずつ曲物《まげもの》に盛って供えるようになったという。それがだんだんに豪華になって、大永七年（一五二七）の頃には、神人総出でその年収穫した農作物に草花を挿し、さらに人形細工もそえた大きな神饌を「御供槽《ごくうそう》」に載せ、二本の丸太をわたして担い献じたといい、瑞饋神輿の原型ができつつあることがわかる。

ずいき（サトイモの茎）

江戸時代初期の慶長一二年（一六〇七）になると、「社家・西京ノ農民等ト聯合《れんごう》シテ」すなわち神人と近隣の農家とが協働して、西京の堀川町にあった「二之保御供所」で「葱花輦形《そうかれん》」の瑞饋神輿がつくられるようになったという。このときには、「瑞饋」にちなんで「芋苗英《ずいき》」で屋根を葺《ふ》き、その周囲を神饌で飾り立てたとあることから、現在の瑞饋神輿の要素をほぼ満たす様式がこの頃には整えられていたことがわかる。そしてこれ以後、瑞饋神輿は西京北町にあった「一之保御供所内鎮座天満宮」すなわち安楽寺天満宮の神前にて「清祓《きよはらい》」したのち、北野天満宮の神前に据えられ、その後西京の各町を巡行するようになったという。

ここから北野祭が断絶したのち、西京神人により、神饌を神輿へと発展させ、その神輿を巡行させる新たな様式の祭礼が成立していった様子がうかがえる。一〇世紀末の北野祭の創祀の段階から、すでに瑞饋祭が存在していたかどうか、文献史料から明らかにすることは難しい。しかし、後述するように近世の北野天満宮関係史料により、一八世紀初頭には毎年九月に「西京の祭礼」が執り行われていたことを確認することができることから、少なくとも応仁の乱を契機に北野祭が断絶してもなお、西京において祭礼が独自の様式のもとで存続・発展していったことは確かである。

そしてその祭礼の中核となったのが、神饌によってつくられた神輿であったという点は、西京神人が中世において北野天満宮に神供を奉納し続ける存在であった歴史と密接不可分の関係にあるものと考えられる。そこで章を改め、次章では西京神人の神供奉納の歴史について考察してみることにしたい。

第四章　神供奉納と麹業——画期としての「文安の麹騒動」

西京「七保」の成立

前章まで、中世に成立した北野天満宮領西京の住人の中核が、麴業を営む西京神人であったこと、室町幕府による西京神人の優遇政策が、北野祭の再編と連動したものであったと同時に洛中の土倉・酒屋への統制とも深くかかわるものであったことを確認してきた。ここから室町幕府の京都に対する支配・統治において、西京神人への処遇が重要な鍵を握っていたことが明らかとなる。それでは、西京神人は実際に西京においてどのような集団としてどのような活動を展開していたのだろうか。

実は西京神人の存在形態や活動内容が具体的に明らかとなるのは、神人を直接支配していた北野天満宮の史料が豊富に残り始める、一五世紀末以降のこととなる。一五世紀末といえば、後述する文安の麴騒動や応仁の乱が起きて以降のこととなることもあって、麴業者としての神人の実態というよりはむしろ、北野天満宮領西京の領民としての実態が明確となる。しかしながら、西京という空間を基盤に西京神人が麴業を発展させてきたことを念頭におくならば、西京という空間において西京神人がどのような活動を展開していたのか、麴業に限らず確認しておくことは重要となろう。そこで、一五世紀末以降の西京神人の存在形態や活動形態について、少し詳しくみていくことにしたい。

一五世紀末以降の史料からまず明らかとなるのは、当時の西京が、「上下保《かみしも》」と「二三条保《にさんじょう》」という、二つの空間から成っていたことである。このことは、例えば北野天満宮が西京の住人に「段銭《たんせん》」とよばれる田畠一反ごとにかかる税を賦課する際に、上下保の沙汰人《さたにん》と二三条保の下司《げし》の両者に命令を下し、徴収していることなどから明らかとなる。ここでいうところの「保」とは、条坊制の単位や国衙領の単位として現れる「保」などとは異なり、神社が領民を神人として組織し、神人に様々な役を賦課するために設定した領域単位をさしている。北野天満宮以外にも、祇園社や松尾社・宇治神社の所領にも「保」の設定されていたことが知られている。中世の西京の範囲は、近世の史料をも参考にすると、東西は七本松《しちほんまつ》通から木辻《きつじ》通近辺まで、南北は三条通から一条通までを範囲とする空間であった。これを前提に上下保と二三条保の位置を考えると、「二三条保」という呼称から、二条通を境に空間が区切られ、二条通より北側が上下保、南側が二三条保であったと考えられる。

このうち南側の二三条保は、一五世紀前半から、室町幕府政所の伊勢氏とその被官が二三条保の下司職およびその代官として神供や公事の納入を請け負う状況となっており、北野天満宮の支配が貫徹し得ない空間となっていた。一方、北側の上下保は、「七保」ともよばれた空間であり、さらに複数の「保」を包含した空間であったと考えられる。そして現在西京神人の末裔の方々によって構成されている団体が「七保会」という名称であることからも明らかなように、中世以降の西京神人の存続において重要な基盤となったのは、上下保＝七保であった。

先に紹介した、西京にある安楽寺天満宮の説明板には、安楽寺天満宮が菅原道真の没後西京神人によって創建されるに至った経緯を記したのち、「その後、先祖《おやたち》は、第一之保から第七《なな》之保までの御供所《ごくしょ》を、建てました。安楽寺は、第一之保御供所と称し、西京神人の責任勤番制でおもりしてきました」と記している。ここから、七保には、それぞれの保ごとに御供所とよばれる七つの施設の存在していた様子がうかがえる。

同様の記述は、明治期に編纂された『北野誌』にも見えており、西京神人の起源について記すにあたり、北野天満宮創建時に右京一条から二条の間に七か所の供御所である七保（一保＝安楽寺、二保＝東光寺《とうこうじ》、三保＝長宝寺《ちょうほうじ》、四保＝新長谷寺《しんはせでら》、五保＝満願寺《まんがんじ》、六保＝阿弥陀寺《あみだでら》、七保＝成願寺《じょうがんじ》）を定め、菅原道真の生前に安楽寺で奉仕した者を七組に分け、各保に所属させて神事に奉仕させたことに始まる、と説明している。この七保の御供所について、一保の安楽寺と七保の成願寺が現存しているほか、二保から六保の五つの御供所跡についても、第二章でふれた

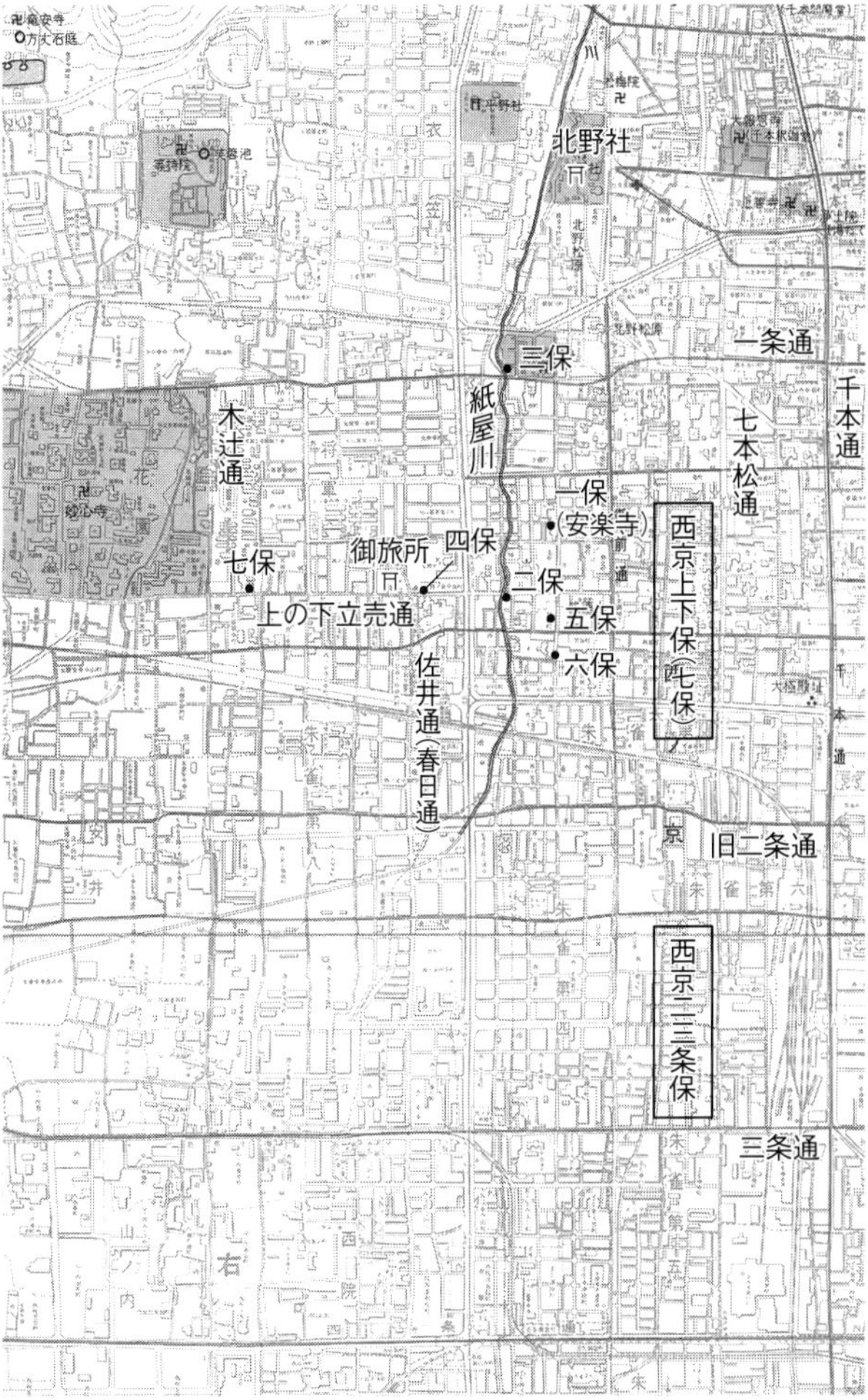

「七保」（御供所跡）の位置（川井銀之助氏の考証による）

神人家の末裔であった川井銀之助氏によって検証・比定されている。このうち中世末までの史料において明確に確認できる御供所は、二保の東光寺と五保の満願寺である。したがって、中世段階で、上下保＝七保の各保に御供所が存在していたかどうかは不明であるが、少なくとも近世から明治初期にかけて西京に七つの御供所が存在していたことは確かである。

一方、御供所ではなく七保が史料上明確に現れるのは、先にふれた、寛正の飢饉時における北野祭の様相について記した寛正二年(一四六一)の「禅盛記録抄」である。飢饉によって大《おお》宿直《とのい》九保が鉾を用意できないなか、「七保」が形ばかりの鉾を用意していたこと、大宿直と西京とが鉾を巡行させる祭礼の再編が、一四世紀末に足利義満政権によって行われることをふまえると、少なくとも一四世紀末には七保が存在していた可能性が高い。

一方、七保ではなく「保」の初見について見ていくと、すでに弘安六年(一二八三)の「北野宮寺公文得分注文」に、三月保・北保・中保・馬代保・七月保・九月保・二三条保・栖霞寺《せいかじ》田保といった保名が見える(『北野社家日記』第七巻)。これらの保のうち、二三条保が、栖霞寺田保を除く七保＝戦国期の「西京七保」ではないかと推測する研究もあるが、戦国期において七保とは別に存在していることを見ても、この注文から七保を特定することは難しい。また室町期の永享《えいきょう》三年(一四三一)の「北野宮寺祈禱《きとう》帳」にも、近衛保・二三条保・三月三日保・五月

保名対照

	中　世	近世以降	備　考
一保	一保(応永32年「酒屋交名」)	一ノ保(『目代記録』)・安楽寺(『北野誌』)	西京大宮にあり(永正2年『目代日記』)
二保	九月九日保(『古文書』永享3年「北野宮寺祈禱帳」)・薬師堂保(長享2年『目代日記』)・東光寺(保)(『古記録』「永禄四年古記録甲」)	堀川保(『目代記録』)・東光寺(『北野誌』)	薬師堂保・東光寺(保)から九月九日の御供が納められていることより(長享2年『目代日記』・『古記録』「永禄四年古記録甲」など, 薬師堂保＝東光寺(保)＝九月九日保と判断した
三保	大将軍保(明応9年『目代日記』)	大将軍保(『目代記録』)・長宝寺(『北野誌』)	
四保	中保(弘安6年『社家日記』)	中保(『目代記録』)・新長谷寺(『北野誌』)	
五保	満願寺(保)(大永8年『社家日記』「西京内榊下地両季地子注文」)	満願寺(『北野誌』)	
六保	宇女町保(明応2年『目代日記』)	采女町保(『目代記録』)・阿弥陀寺(『北野誌』)	
七保	木辻保(『古記録』正応3年「良琴奉書案」)・五月五日保(『古文書』永享3年「北野宮寺祈禱帳」)	成願寺(『北野誌』)	木辻保から五月五日の「菖蒲まき代」が納められていることより(長享2年・延徳2年『目代日記』など), 木辻保＝五月五日保と判断した

注) 「中世」・「近世以降」欄の年号・史料名は初見年とその史料を示している.

五日保・七月七日保・九月九日保といった保名が見えるが(『古文書』六四号)、これらの保と七保との関係も不明である。ただし弘安年間の注文に見える保名と比べてみると、三月保と三月三日保、七月保と七月七日保は同一の保をさしていると考えられる。

実際三月保については、『北野社家日記』明応《めいおう》二年(一四九三)二月二六日条に「西京三月保去年五月洪水ニ事外《ことのほか》田地損失すと云々」と見え、さらに三月二日条から、三月保が三月三日の御供を備進するための保であること、すなわち三月三日保と同義であること、その保は神供備進のための田地から成っていたことを確認することができる。先にふれた明治期編纂の『北野誌』が、近世の西京神人について、年六か度(正月元日、同七日、二月二五日、三月三日、七月七日、九月九日)七保の御供所において神饌を調理し、本社に献じたとあることをふまえても、三月三日保・五月五日保・九月九日保は、七保の一部であったと考えられる。そしてこれらの保がいずれも弘安六年の注文に見えることに注目するならば、七保を構成する各保の淵源《えんげん》は鎌倉期もしくはそれ以前にさかのぼる可能性が高い。

以上のことから、七保の各保を特定することはできないものの、保が神供を負担する田地から成る空間をさすものであったこと、遅くとも一三世紀後半までに、さまざまな呼称でよばれた「保」が西京に存在したが、一四世紀末に、それらの保の中から「七保」とよばれる保のまとまりが形成されていったことがうかがえる。

そして一四世紀末が、室町幕府による西京の麴業の優遇政策やこれと連動した北野祭の再編が行われた時期に相当していること、その際に麴業者の西京への「還住」が目論まれたことを想起するならば、七保の成立を推進したものは、室町幕府であった可能性が高いものと考えられる。

ところで西京神人については、「麴座《こうじざ》」という「座」を形成した商工業者集団、すなわち「保」とは別に「座」によって編成されていた神人として捉える研究もある。神人組織の座は従来、商工業団体・同業組合と理解されており、基本的に神社への奉仕の組織であること、具体的には担当する神事や貢納品により構成員を区別・差異化するための下位組織であったことなどが指摘されている。

ただし中世を通じて、西京神人を麴座として把握している例は、西京からの麴業者の「出座」を問題視している嘉慶《かきょう》元年(一三八七)の室町幕府御教書を除けば、天文一四年(一五四五)の延暦寺(山門)から発給された文書三通のみであることに注意する必要がある(『古文書』八六・九五・九六号)。三通の山門発給文書には、それぞれ「北野社神人当所麴座中」・「西京諸住麴座中」・「北野神人麴座中」との宛所《あてどころ》が付され、当時発生していた洛中洛外の酒屋・土倉と西京神人との麴業をめぐる相論に際し、西京神人の麴業独占を保護する内容の通達を送っている。

これに対し、北野天満宮および室町幕府が西京神人に文書を発給する場合、中世を通じて「麴座」を宛所とした例はみられず、「当所神人中」(『古文書』七七号)・「上下保(=「七保」)両沙汰人中」(『北野社家日記』第七巻、文亀三年八月廿七日付室町幕府奉行人奉書)・「西京麴師中」(『古文書』九四号)等を宛所としている。こうした違いは、本末関係を背景として「座」という人員組織を通じ西京神人と関係を取り結ぼうとした山門と、「座」ではなく、「西京」あるいは「保」という田地から成る領域単位に基づき西京神人を支配したいと考えた北野天満宮・幕府の姿勢の違いを反映させたものとして、捉えることができる。

そして西京神人自身が「麴座」を称した事例を確認することはできないこと、現代に至るまで「保」・「七保」を重要な結束の単位としていることをふまえるならば、西京神人の重要な基盤は、座ではなくあくまで保という西京の空間に即して結ばれる地縁にあったといえる。

七保の様相

それでは一五世紀末から明確となる、西京神人および七保の様相とはどのようなものなのだろうか。すでに網野善彦氏によって指摘されているとおり、七保には「沙汰人」が存在していた。北野天満宮が段銭を賦課する際に上下保沙汰人に通達していることは先述したが、人夫役を賦課する際にも同様に「上下保沙汰人」に通達していることから、沙汰人は七保全体を束ねる役職であったと考えられる。延徳《えんとく》二年(一四九〇)には、「吉積」・「緒方(大かた・おふかた・おうかた・ヲ方)」の二人が沙汰人であったことが確認される(『北野天満宮史料　目代日記』紙背、四月一〇日条)。そして二人の沙汰人の下に、さらに各保の「保長」もしくは「沙汰人」がおり、保内を統轄していた。

具体的には、北野天満宮に納める柴・菖蒲《しょうぶ》・小割木・炭・麴などの神供備進の責任者となっていることがわかる(『北野天満宮史料　目代日記』(以下、『目代日記』と表記)延徳二年三月一三日条・一二月二九日条、『北野社家日記』第四巻、明応二年三月二日条等)。もしこれらの公事を保内で無沙汰する者があれば、保長・沙汰人は、下地《したじ》に「點札《てんさつ》」(差押え・没収を明示する札)を立てるなど対処にあたった(『目代日記』延徳三年五月七日条等)。また、保内で犯罪が発生した際に、北野天満宮に報告するのも保長の役目であった(『目代日記』延徳三年六月一九日条)。

ここで注目されるのは、上下保沙汰人としてみえる神人の吉積・緒方や、七保のうちの木辻保沙汰人としてみえる神人の神辺(神部)が、いずれも近代以降も西京の地にのこり続ける神人家の名字と一致していることである。このうち吉積氏と神部氏については、さらに現在の「七

神部一族の墓地

保会」の構成員の名字とも一致しており、現代へと至る神人の「家」の形成が一五世紀末までに確実にみられることがわかる。また神部氏については、かつての木辻保に相当する地（京都市右京区花園艮北《こんぼく》町）に今も神部姓の家が複数所在し、同地には少なくとも近世にさかのぼる墓石を含む、代々の神部一族の墓が集まった墓地もある。

ただし一五世紀末には、応仁の乱によって北野祭も断絶してしまっているために、沙汰人や保長によって組織されていた七保の神人の活動は、北野天満宮に年貢・公事（神供）を納め、人夫役を負担するということが中心となっていた。加えて、例えば康正《こうしょう》三年（一四五七）に北野天満宮に八代将軍足利義政が社参《しゃさん》した際には、西京神人が北野天満宮の境内を連日掃除したり（『北野天満宮史料　古記録』所収「御社参記録」）、また延徳三年（一四九一）、北野天満宮に新造の鐘が設置された際には警固役をつとめたりするなど（『目代日記』八三頁、延徳三年四月六日条）、北野天満宮から臨時に仕事を依頼される場合もあった。

注目されるのは、延徳二年(一四九〇)に北野天満宮から「惣普請《そうふしん》」が命じられた際に、上下保沙汰人の一人であった緒方が、「そうふしん（惣普請）の事委細心得申し候。さりなから御そんち（存知）のことく、おのおの（各々）しやうはい（商売）ニ毎日出候間、明日の事を今日ふれ候て者なりかたく候」と返事をしている点である(『目代日記』紙背、延徳二年四月一〇日条)。ここから西京神人たちは、定められた日に北野天満宮に神供を納めながら、日常的には「商売」に出ていたことが明らかとなる。そしてそれゆえに、急に普請の動員を求められても、対応できないと緒方は嘆いているのである。

ここに見える「商売」の内容が、具体的にどのようなものなのかは不明であるものの、こののち一六世紀においてもなお西京神人が麴業をめぐる特権を獲得しようと動いていることなどをふまえると、麴業にかかわる商売が含まれている可能性がある。いずれにしても、北野天満宮側の史料からは年貢や公事を納める領民としての性格がうかがえる神人が、一方ではこの一五世紀末の段階においても商人としての性格を帯びていたことが明らかとなる。

当該期の西京神人の動向にあわせて注目されるのは、武家と被官関係を結ぶことで北野天満宮の諸役から免れようとする者が生まれている点である。すなわち明応八年(一四九九)、木辻保の神人が困窮により逐電《ちくでん》(逃亡)してしまったため、北野天満宮が住宅検断を行うこととなった。その際木辻保沙汰人の神辺(神部)は、神人と伊勢氏の被官は北野天満宮による住宅検断の対象とはならないことになっていると主張している。そして、このときすでに北野天満宮に先んじて伊勢氏がその住宅を検封《けんぷう》している(『目代日記』明応八年五月一四日条)。

こうした事例から、一五世紀末から一六世紀にかけ、西京七保の神人——とりわけ沙汰人として七保や各保の統率者——が、室町幕府政所執事の伊勢氏との結びつきを強め、北野天満宮による領主支配から逸脱する動きを見せていることがわかる。先述したように、二三条保についてはすでに一五世紀前半には伊勢氏が知行しながら神供納入などを請け負う状況となっていたが、時代が進むにつれ、七保にも伊勢氏の支配の及んでいたことがうかがえる。そして、特に検断時において神人が北野天満宮よりもむしろ伊勢氏への報告を率先して行っていることから、こうした状況が生まれる前提には、伊勢氏との結びつきを強めようとする神人たちの主体的な動きがあった。

そこで次に少し時代をさかのぼって、西京神人と幕府および伊勢氏との関係について、麴業をめぐる動向から見てみることにしたい。

麴業の独占権をめぐる攻防と正長の土一揆

第二章で述べたように、応永二六年(一四一九)、足利義持は西京神人に京都における麹の製造・販売の独占権を付与し、その結果、洛中や洛外寺社門前等の西京以外の地で麹室を所持していた酒屋・土倉の麹室が破却された。ここで注目されるのは、麹室を破却させられ、請文の提出を求められた酒屋・土倉の多くが、比叡山延暦寺(山門)配下の酒屋・土倉であったと考えられることである。そのことは、すでに鎌倉後期の京都の酒屋・土倉の八割が延暦寺配下の酒屋・土倉であったことや、麹室破却の翌年に、山門の僧侶たちが、わざわざ西京神人に麹業の独占権を付与した義持の政策を支持し、これに違う行為は行わないとする誓約書を書いていることからうかがえる(『北野社家日記』第七巻、応永二七年閏正月一一日付山門三塔集会事書案)。

しかしこの誓約書は、足利義満政権期に、幕府が山門を統制するために設置した山門使節とよばれる僧侶四人が主導して書いたものであることからもあきらかなように、義持の意向をくんで、いわば山門側が書かされた誓約書であった。あえて義持の政策に異議を唱えないことを誓約しなければならなかったところに、逆に山門側に西京の麹業独占を快く思わない僧侶たちのいたことが読み取れる。

そのため、応永三五年(一四二八)正月に足利義持が亡くなり、弟の足利義教が将軍に決まって正長に改元となると、揺り戻しが起き、同年八月には山門の僧侶たちが西塔《さいとう》釈迦《しゃか》堂《どう》に「閉《へい》籠《ろう》」し、西京の麴業独占を停止するよう幕府に嗷訴《ごうそ》をするに至っている(『満済准后日記』八月一二日条等)。閉籠とは、寺社勢力が嗷訴をする際にとる手段の一つで、僧侶集団が特定の堂舎に籠もり、その堂舎で行うべき仏神事を停止することによって世俗社会に憂慮を与える行為をいい、山門ではすでに鎌倉中期から見られる行為であった(衣川仁「閉門・閉籠と鎌倉期の延暦寺大衆」)。そして清水克行氏が指摘しているように、実はこうした動きが契機となって、「日本開白《かいびやく》以来、土民蜂起これ初《はじめ》なり」と評された(『大乗院日記目録』二)有名な正長《しょうちょう》の徳政一揆が勃《ぼっ》発《ぱっ》していくのである。

このとき西塔釈迦堂に閉籠していた僧侶たちが北野天満宮にあてて発給した文書には、応永二六年の西京神人の麴業独占と、京都の酒屋・土倉からの請文の提出、さらにはその翌年に山門側が誓約書を書かされたことはいずれも不当な陰謀によるものとの主張が見られる。そのうえで、山門が書いた誓約書を返却することを求めており、これに応じなければ犬神人《いぬじにん》(山門が支配している非人集団)や馬借(山門が支配している流通業者)を北野天満宮に派遣し、北野社僧の住坊を破却すると脅している(『北野社家日記』第七巻、正長元年八月二七日付山門西塔院閉籠衆集会事書案)。

この少し前の応永三三年(一四二六)、西京の麴業独占を契機として近江の米の価格が暴落したため、馬借が西京の麴業独占の不当を幕府に訴え、山門も嗷訴に及ぼうとし、幕府におさえられている(『兼宣《かねのぶ》公記』応永三三年六月八日条)。鎌倉幕府による永仁の徳政令(一二九七年)に象徴されるように、中世の徳政の本質は、「あるべきところへもどす(復古)政治」にあったといわれるが、まさに山門は、将軍家の代替わりに際し、徳政を求めて本格的に嗷訴を展開したのであり、自らの配下の酒屋・土倉がもとのとおりに麴室を経営できるよう主張したのである。

幕府は、北野天満宮の有力僧に対し、閉籠した神人への対応を求めつつ、山門に対しては、山門使節を通じ事態収拾をはかるとともに、犬神人・馬借の襲撃を未然に防ぐため、上林房《じょうりんぼう》を「馬借・犬神人年預」に命じるなどして事態の打開に向けて動いている。

こうした動きを受け、麴業の独占権の保持に危機感をもった西京神人もまた、北野天満宮に閉籠するに至っている。こののち九月に、足利義教が「麴業還補御教書」(西京神人の麴業独占を再認する命令書)を発給していることから(『古文書』六三号、正長元年九月一八日付室町幕府御教書)、義教はいったんは山門側の要求をのんで西京神人の麴業独占権を否定したものとみられる。しかし北野天満宮側が、西京神人の閉籠を止めるためにも「麴業還補御教書」をまずは発給してほしい、発給後に神人が退散ししだいに、神人が連署した「告文」(誓約書)を必ず届けるとの要請を幕府に対し行ったため、結果、「元のごとくその沙汰致すべきの旨、彼等に相触れらるべきの由、仰せ下さるところなり」として、西京神人に再び麴業の独占権を認める命令が義教から下されることになった。

このように、正長元年(一四二八)に危機を迎えた西京の麴業の独占権は、一度は失われるかに見えたがかろうじて維持されることになった。このようななか、馬借集団が北野天満宮襲撃に向かうが、幕府軍が防ぎ、北野天満宮に到達できずに終わっている。しかしながら、山門の動きに刺激されるように、徳政要求が畿内近国へ連鎖的な波及し、正長の徳政一揆が拡大していくのである(清水克行「正長の徳政一揆と山門・北野社相論」)。

ここから西京神人の麴業独占が、山門配下の酒屋・土倉はもとより馬借の生業をもおびやかし、山門が徳政を主張する根拠となったこと、日本初の徳政一揆とされる正長の徳政一揆の勃発の契機になり得るほど当時の政治・社会に与えた影響が大きかったことがわかる。そしてその後も山門側の麴業の奪回をめぐる動きは続き、その結果、後述する文安の麴騒動が起きるのである。

ところで、こうした西京神人の麴業の独占権をめぐる山門と北野天満宮・西京神人との対立が生じた正長元年のその翌年、西京では新たな動きが生じている。すなわち幕府政所の伊勢貞国と北野天満宮別当曼殊院門跡との間で、西京下司職の職務をめぐる相論が起きているのであ

る（『北野天満宮史料　古記録』所収「目安等諸記録書抜」）。

伊勢貞国の訴状の冒頭には、「西京下司職の事、闕所《けっしょ》として拝領のところ、社務より御違乱《ごいらん》条々」とあり、正長二年の段階で、伊勢氏が西京下司職を得ていることがわかる。「闕所として拝領」とある「闕所」とは、犯罪等を理由に土地を幕府や領主が接収して知行することを意味する。また、ここで下司職となった伊勢氏と北野天満宮の社務・社家との間で公事や年貢の徴収をめぐる争いが生じていることからみて、本来下司職を保持していたのは領主北野天満宮であったと考えられる。そして下司職伊勢氏のもとで、下司代となっている「ます田円安」なる人物が、神人に対し、今後「二三条」つまりは西京二三条保の諸公事については北野天満宮社務・社家に直接納めず、下司代を通じて納めるよう通達していることからみて（前掲「目安等諸記録書抜」）、ここで問題となっているのは西京のうちの二三条保の下司職の権益であることも明らかである。

二三条保に下司職がおかれていたことは、すでに一三世紀後半から確認され、弘安六年（一二八三）の「北野宮寺公文得分注文」には、二三条保の下司が八月五日に神供の「紙立《こうだて》」（香立）を四〇合納めたことや、歳末の「節料木」二八〇束を二三条保と七月保の分として納めたことが見えている（『北野社家日記』第七巻）。西京二三条保さらには七月保から納められることになっている神供の徴収を担う職として、鎌倉期から存在していたことがわかる。また、時代は下るが永正《えいしょう》一二年(一五一五)の『北野社家日記』には、二三条保について、かつては別当曼殊院門跡が直務《じきむ》(直接管理)をして諸役を納めていたが、「代官職」(下司職)が置かれるようになってからは、伊勢氏を通じた支配となり、三旬《さんじゅん》の御供が納められない状況となっていたことが見えている(『北野社家日記』第七巻)。

このような性格をもつ下司職の権益をめぐり、北野天満宮と伊勢氏との間で相論が発生していることからみて、伊勢貞国に下司職を付与したのは北野天満宮であるとは考えにくい。すなわち「闕所」としてむしろ室町幕府が北野天満宮から下司職をとりあげ、伊勢氏に付与したものと考えられる。それが正長二年であったこと、また二三条保がそもそも西京神人が神供を納入するための重要な基盤であったことをふまえると、これはこの前年に生じた西京神人の北野天満宮閉籠行為に対する、幕府の闕所であった可能性があるのではないだろうか。

正長元年八月末、麹業の独占権の維持に危機感を感じた西京神人が北野天満宮に閉籠したことについて、閉籠先となった北野天満宮側は「当社神人閉籠事、言語道断の次第に候」と(『北野社家日記』第七巻、「社家条々抜書」)、神人の閉籠行為についてはきわめて悪質な行為であるとの認識をもっていたことがわかる。

北野天満宮にとって、自らが支配・統制すべき神人が社殿を占拠することによって訴訟を起こすという行為は、不法行為としてみなし得るものであり、なおかつ閉籠によって西京から納められる御供が滞るという状況は憂うべきことであった（『北野社家日記』第七巻）。一方幕府もまた、北野社僧松梅院を通じ、神人の閉籠を止めるよう厳しく命じていることから、神人の閉籠を不法なものと認識していた可能性が高い。このようななか、西京神人の麴業独占それ自体は再度認定されたものの、閉籠行為そのものに対しては罪科として認識され、幕府が二三条保を闕所とし、その下司職を伊勢氏に付与したと考えられるのである。

正長元年以後も、七代将軍義勝から八代将軍義政への代替わりにあたる時期の嘉吉三年（一四四三）・文安元年（一四四四）に、ふたたび西京神人が麴業の独占権を維持するため北野天満宮に閉籠する事態となり、幕府との合戦へと至る。そこで次に、「はじめに」でも触れた「文安の麴騒動」とよばれる事件についてみていくことにしたい。

文安の麴騒動

嘉吉二年（一四四二）一一月、前年に起きた嘉吉の乱によって倒れた義教のあとを受けて、義教の子義勝が将軍となる。この将軍の代替わりにおいても、西京神人の麴業の独占権に危機が生じたとみえ、同年一二月二七日には、西京神人の酒麴業について、「以前の御下知《おんげち》の旨に任せ」すなわち以前に出された義持・義教の命令のとおり、西京神人以外の酒麴業については停止し、西京神人のみに認めるよう、義勝の命令が下されている(『古文書』六五号、室町幕府御教書)。

しかし翌年の嘉吉三年七月に、わずか一〇歳の若さで義勝が亡くなると、その二か月後には、洛中洛外の土倉・酒屋と西京神人との間で酒麴製造をめぐる相論が起きている(『康富記』九月一八日条)。このとき西京神人が主張したのは、京中の土倉・酒屋は西京で製造された麴を西京から卸してもらって商売をすべきというものであったのに対し、洛中の酒屋は、自分たちで麴を作って酒を造りたいというものであった。そしてそれぞれの主張を裏付ける証拠文書も幕府に提出されたという。その結果、管領が洛中の土倉・酒屋に酒麴の製造を認める裁許を下したため、西京神人は鬱憤をつのらせ北野天満宮に閉籠するとともに、西京中の大道の木戸を結わえ、人々が往来できないようにしている。相論となっていた九月は、実は天下触穢《しょくえ》により延引となっていた北野祭の執行が予定されていたものの、西京神人による北野天満宮閉籠という事態を受け、さらに延引となっている。その後一一月八日に西京神人が閉籠をといて退散したのを受け、ようやく執行されている(『康富記』同年一一月一八日条)。このとき西京神人の麴業独占を認める命令が幕府から下されたことが確認できることから(『建内記《けんないき》』文安元年四月一三日条)、幕府はまたしても自らの裁許を覆したのであり、これを受けて神人も閉籠をといたと考えられる。

この嘉吉三年の西京神人の閉籠については、北野天満宮側の記録にも記述がみえる。すなわち九月一九日に延引となっていた北野祭の日取りが決まるはずであったところ、西京神人が閉籠したためにそれがかなわなかったこと、一一月八日に神人の閉籠がとかれ、麴業の独占権が再び認められるとともに、北野祭の執行が幕府から命じられるに至ったこと、その後もわずかに閉籠を続ける神人がいたものの、一四日には退散したことなどが見えている(『北野社家日記』第七巻)。すでに指摘されているように、西京神人は北野祭の執行をはばむことを意図して「閉籠」したものと考えられる(佐々木創「文安の麴騒動」)。

その半年後の文安元年(一四四四)四月、ふたたび西京神人が北野天満宮に閉籠している。「はじめに」で触れたことだが、もう一度確認しておこう。

北野天満宮の記録によれば(『北野社家日記』第七巻)、このとき閉籠した神人たちは、身の用心のため、毎日麴の神供を供えたといい、その際に「津戸経蔵」を神供所としながら抗議の意を表し続けたという。神人の閉籠をとくため、管領の畠山持国が侍所頭人の京極持清と侍所所司代多賀出雲入道に命じて、津戸経蔵に集住する神人を討った結果、数時間にわたる合戦となり、「寄手《よせて》の神人」(閉籠していた西京神人以外の西京神人か)が大勢討たれるとともに、経蔵の内側から火がかけられ、社殿が炎上した。

この経過について、中原康富の日記『康富記』によれば、近年、「西京住民」(西京神人)と「洛陽酒屋」・「東京酒屋・土蔵」(洛中洛外の酒屋・土倉)の酒麴商売をめぐる相論が続いており、前年の春ごろから東京の酒屋・土倉が山門を味方につけて訴訟を起こしているとのうわさがあったという。幕府がふたたび東京の酒屋・土倉の麴製造を認めるとの風聞が生じたため、西京神人が「千日籠《ごもり》」と称して北野天満宮に閉籠したことが見えている。事態を収拾するべく、四月一三日、管領畠山持国が閉籠している神人を捕らえようとしたところ、西京神人の「余党」が北野天満宮の西の僧坊へ乱入して社殿を焼き払い、合戦へと発展した。侍所の京極持清の軍勢も出動したものの、負傷者が多く出たりその場で討ち死にしたりする者がいたという。一方西京神人も、「自焼」すなわち自ら家を焼いて逃亡していった結果、西京は焼け野原になった。合戦の場となった北野天満宮では、神輿二基と宝物がかろうじて救出され、社僧坊に安置されたものの、社殿は焼け、死体も残る悲惨な状況となった(『康富記』四月一三日条)。

一方、公卿の万里小路《までのこうじ》時房《ときふさ》の日記『建内記』は、同じ四月一三日の状況について、この日の朝、「西京土民」(西京神人)が北野天満宮に放火をしたこと、その理由は麴業について、武家が「京中洛外酒屋」の営業を認める裁許を下したため、西京神人が落胆して北野天満宮社殿での閉籠を企てたところ、幕府侍所の京極持清が召し捕らえようとした結果、合戦となり放火に至ったことを記している。ここにも侍所の軍勢の中に討ち死にした者が多数いたことが記されたうえで、西京神人が散り散りに逃げていったため、幕府方が西京に押し寄せたところ、神人はそれぞれ自ら家を焼き払って没落していったり、盗人として追捕《ついぶ》されたりしたという。

そして神人の閉籠・放火が起きた前提として、前年、西京神人が閉籠したために麴業の独占権が維持されたあとも、洛中の酒屋が再度麴業を認めるよう幕府に訴えたにもかかわらず認められなかったために、日吉祭礼を前に山門が嗷訴を起こし、日吉祭礼の馬上役《ばじょうやく》(祭礼費用を負担する頭役《とうやく》)負担を拒否する事態となっていた事情が記されている。時房は、山門の訴えが「無私」の精神から出ているものである一方、西京神人も「根本の業」であることから道理にかなった対応を幕府に求めたのではないかと述べている。そのうえで、伝聞情報として、北野天満宮の社殿や摂末社が焼けたほか、一切経をおさめた輪蔵についてはわずかに焼け残ったこと、西京神人と侍所京極氏の被官が刺し違えた結果、死人が四〇人に及び、負傷者も数えきれないほどいたこと、参詣者も多く焼死したことを書き記している。

このとき北野天満宮が受けた被害の大きさについては、佐々木創氏によって翻刻・紹介されている「北野光乗坊文書」にも詳しく記されており、本殿から摂末社、朝日寺、毘沙門堂、西僧坊、閼伽井《あかい》経蔵(火元とされている。「津戸経蔵」のこと)をはじめとする経蔵、会所、如法経堂、政所、八嶋(神供所)、宝蔵など、境内にあったさまざまな施設が広範囲にわたって焼けていることがわかる。また、火が迫るなか、神輿と御神体と御神宝を、社僧や宮仕《みやじ》(下級社僧)で運び出したことも見えている。

このように、北野天満宮に多大な被害を及ぼしながら、西京神人は幕府の派遣した軍勢と合戦をしたものの、麴業の独占権を保持することはかなわず、以後、麴業を衰退させていく。これまでも、麴業の独占権の保持は危うかったものの、この文安元年の段階で、幕府が独占権の否定の徹底に舵《かじ》を切ったのはどのような理由によるのだろうか。

その理由の一つとして考えられるものに、当該期における京都の酒屋・土倉の状況、及び京都の酒屋・土倉と室町幕府との関係がある。京都の酒屋が、麴騒動の起こる前年から山門と結びついて訴訟をしている前提には、先にもふれたようにもともと応永二六年(一四一九)に幕府によって麴業を停止された京都の酒屋・土倉の多くが、山門配下の酒屋・土倉であったという事実がある。山門配下の酒屋・土倉は、室町期において、実は山門にとって重要な祭礼である日吉祭の費用はもとより、京都を代表する祭礼である祇園祭の神輿渡御費用を負担する存在であり、なおかつ室町幕府財政において重要な比重を占めていた酒屋・土倉役の負担者でもあった。すなわち山門配下の酒屋・土倉は、いわば幕府が都市支配上重視していた都市祭礼の重要な経済基盤を成すとともに、幕府そのものの重要な経済基盤となる存在であったのである。

しかし、将軍義教が殺害された嘉吉の乱の直後に起こった嘉吉の徳政一揆では、土倉が一揆の襲撃の対象となって壊滅的な被害を受けたために、一時土倉役が免除される事態となっている(『建内記』嘉吉元年九月一四日条)。これは幕府財政を逼迫《ひっぱく》させる政策でもあることから、幕府は一方で、嘉吉元年から二年にかけて、酒屋役賦課を強化している(早島大祐「足利義政親政期の財政再建」)。したがって、文安元年に西京神人の麴業独占が幕府によって否定された背景には、嘉吉の徳政一揆と、その結果生じた京都の土倉の衰退、その対応としての酒屋役の強化があったものと考えられる。幕府は京都の酒屋による麴室経営を認めることにより、酒屋役徴収を円滑にし、幕府財政の逼迫を避け、危機的状況からの離脱をはかったものと考えられるのである。

文安の麴騒動によって、亡くなったり没落していったり、捕らえられたりした西京神人のいたことは、先にみた『建内記』等の記事から明らかである。しかしその後も西京神人が麴業を営んでいることは、後にふれる戦国期の文書から確認することができる。また、麴騒動の起こった文安元年の北野祭は停止されているが(『北野社家日記』第七巻)、すでに見たようにその翌年には西京神人が祭礼の馬上鉾を準備・負担している。したがって文安以後もしばらくは、西京神人が麴業を営みつつ祭礼役や神供を負担する活動形態は維持されていた。しかし、まさに命がけで守ろうとした独占権を喪失したことは、その後の西京神人の活動形態に大きな影響を及ぼしたことは間違いない。以後、中世末期に至るまで、西京神人はくり返し麴業の特権の復活をめざすことになるが、そのめざし方は、単なる商工業者としての性格を逸脱しながら展開されていくこととなった。

麴騒動の痕跡

ところで、文安の麴騒動について、その名残を伝えるものが西京の安楽寺天満宮にのこっている。すなわち境内にある「不動石」がそれである。この石は、騒動の際に神人たちが西京から逃げていく際に、安楽寺天満宮の御神体(菅原道真が生前に自ら彫ったと伝えられる第一章でふれた「御自身像」)を、第四之保御供所(後述)に埋める際の目印にしたものであると伝えられている。また、安楽寺天満宮が「ほととぎす天満宮」との別称を持つのも、麴騒動によって北野天満宮が炎上した際に、ほととぎすが鳴いて飛んできたといういわれに由来するものであるという。

さらに、神人たちの逃れていった先については、神人川井家の語り伝えによると、木曽福島（現在の長野県木曽町福島）であったといい、清人氏の話では、麹の原料となる米の買い付け先であった縁によるものという。しばらく木曽福島に滞在してのち、享徳四年（一四五五）に畠山持国が死去したとの噂を聞いて、応仁二年（一四六八）に木曽から戻り、安楽寺をはじめとする七つの御供所を再興したという。

安楽寺天満宮の「不動石」

これらの語りを直接に裏付ける文献史料は、残念ながら確認することができない。しかし、先にふれた麹騒動の様子を伝える『康富記』・『建内記』のいずれも、家を自ら焼いて逃亡していった神人たちがいたことを記している。

すなわち当時の西京の様子について、『康富記』には「西京の住民自焼の間、西京悉《ことごと》く焼亡し、荒野と成ると云々」とあり、『建内記』には「即ち西京に押し寄せるのところ、各《おのおの》自ら放火し没落す。或いは盗人として追捕すと云々」とある。ここに見える「自焼」や「自ら放火し没落す」との表現は、西京神人が、中世の合戦においてみられる「自焼没落」という作法をとって逃亡していったことを示しており、注目される。

「自焼没落」の前提には、「家」はアジール（不可侵の聖域）であるとともに、「家人の居住しない家」はあってはならない不吉な存在であるとみなす中世の人々の「家」観念がある（勝俣鎮夫「家を焼く」）。また「没落」という言葉は、中世においては「滅亡」や「降参」ではなく「それまでの拠点を離れる」意味で用いられていたと考えられている。すなわち「自焼没落」とは、みずからの手で「家人の居住しない家」を焼くことにより、屈服・降参してはいないことを意志表示する作法であった（中澤克昭「自焼没落とその後」）。騒動の翌年には北野祭が行われていることから、西京神人全てが「没落」したとは考えられないなか、西京神人たちが降参ではなく再起をはかって一時的に拠点を離れ、再び西京の地に戻ることを企図した可能性は十分あり得るのではなかろうか。

さらに、近年尾下成敏氏によって紹介された、宝徳三年（一四五一）から文明二年（一四七〇）までの北野天満宮の神事や神供について記した「能勝古記」（『京都橘大学史料研究報告集第六集　北野社宮仕沙汰承仕家資料・中世史料稿本［古文書編］／［古記録・編纂物編］』）のなかにも、麴騒動にかかわる記述がみられ、注目される。

すなわち「能勝古記」に載せる「康正《こうしょう》二年(一四五六)九月九日保節供《せちく》注文」の冒頭部分には、「本神人けん住ニ付きて、神人方沙汰分」と書かれ、そのあとに節供を負担することになっている九月九日保(西京七保の一つ)の神人の「屋敷」の数と、節供(神供)の徴収を担当する神人の名が記されている。ここに見える、「本神人けん住」の「けん住」は、「見住」(「現住」、現に居住していること)を意味する可能性もあるものの、「還住」をさす可能性が高いのではないかと考えられる。すなわち、文安の麴騒動によって西京の外へと退散した西京神人が、この康正二年には再び西京の地に戻ってきていることを示しているものと考えられるのである。

また文書の後半に、「五屋敷分」の納める料足について、もとは五〇〇文であったところ「とくたい以後」二〇〇文となったと記述されている点も注意される。「得替《とくたい》」とは、領主の交代や、領主による土地の召し上げをさす言葉であり、神人が一方で土地制度上は西京の「名主」でもあったことをふまえると、麴騒動による彼らの逃亡と、それを受けての何らかの土地支配上の変化をさすものと考えられる。さらに、節供の徴収者として見える「きりの木」は、のちに神人家の名字として史料上に現れる「桐木」である可能性があること、のちに二保の御供所となる「薬師堂」の名が見えることも注目される。

そして、文書の最後に、「西京下司職堤《つつみ》左京亮《さきょうのすけ》方始めたるにより、此《かく》の如く候」とあることも興味深い。なぜならば、「堤左京亮」すなわち堤有家《つつみありいえ》は、幕府政所伊勢氏の有力な在京被官として知られる人物であるからである。

先述したように、すでに正長二年(一四二九)の段階で伊勢氏は闕所として西京二三条保の下司職を獲得していたが、当該期は被官の堤氏にその職務が委ねられていたことがここからわかる。そしてその堤氏のもとで、九月九日の節供の賦課方式が定められたのであった。先にふれたように、一五世紀末の北野天満宮関係史料に見える西京神人の中には、伊勢氏の被官となっている者が複数見られる。麴騒動後の神人の動向を示す史料に、神人の名字が見え始めること、伊勢氏の有力在京被官堤氏の名が見えること、神供の賦課の配分に、堤氏の関与が見られること、これらは、こののち一六世紀以降の神人の動向を見るうえで非常に重要な点である。

そこで次に、伊勢氏と神人の関係について考察しながら、中世末期における西京神人の様相を明らかにしていきたい。

第五章　武家被官化と戦乱——中世末期の西京神人

伊勢氏の西京支配

先述したように、正長二年(一四二九)から幕府政所の伊勢氏が「闕所」として西京二三条保下司職を獲得したのであるが、伊勢氏が具体的にどのように下司職としての支配を西京に及ぼしたのかについては、『北野社家日記』(北野天満宮僧が書いた日記)や『目代日記』(北野天満宮別当曼殊院門跡に仕えた下級僧の書いた日記)などの北野天満宮の史料が豊富に残りはじめる一五世紀後半から明らかになってくる。

まず、『北野社家日記』・『目代日記』の二つの日記が残っている長享二年(一四八八)の様相を探ると、五月に「西京の役の諸神事に就き、伊勢兵庫頭無沙汰候の間、一社会合を成す」との記事がみられるように、下司職の伊勢氏から納められるべき、西京に賦課している神事執行のための役(神供納入など)が滞る状況となって、北野天満宮僧たちが会議を開く事態となっていることがわかる(『北野社家日記』第一巻、五月二二日条)。具体的には、毎月一〇日ごとに二三条保から納められることになっている「三旬《さんじゅん》御供」や、供夏桶《くげおけ》を用意するための料足などが伊勢氏から届かず、問題となっている(『北野社家日記』第一巻、五月二五日条、『目代日記』四月七日条)。

このことは逆に、伊勢氏が下司職を獲得したからといって、西京二三条保に対する北野天満宮の領主支配が否定されたわけではないこと、西京二三条保に賦課される役は伊勢氏を通じて北野天満宮に納められるルールであったことを示している。とはいえ、実際には伊勢氏による神供納入や公事納入が滞る状況となっており、北野天満宮の直接支配ではないゆえの問題が生じていたこともわかる。

もう少し具体的な事例を追ってみると、延徳二年(一四九〇)三月に北野天満宮本殿に土一揆が閉籠して炎上する事件が起こり、その影響からか、御供を供えるための道具に事欠く事態となり、七月になって、御供の調進をする宮仕からの訴えにより、道具を新調することとなった。このとき、社僧松梅院から、御供の道具は三旬の御供の奉納に附随する役として二三条保の負担により用意すべきこと、西京は別当である曼殊院門跡が差配する地であるので、みずから二三条保に命じるよう提案された門跡は、「二三条保は、伊勢氏が一円に押領してしまっているので自分の支配は及ばず、とりわけ御供も伊勢氏の代官から渡される状況であるので、松梅院から伊勢氏に命じてほしい」と返答している。すなわち門跡の認識では、二三条保は伊勢氏の支配下にある地であった。

その後、松梅院と門跡のどちらが伊勢氏と交渉するかでもめるが、結局門跡から伊勢氏のもとへ目代が派遣され、道具の負担を求めることとなっている(『目代日記』延徳二年八月一〇日条)。このとき応対した伊勢貞職の返事は、御供の道具をこちらで用意するということについておぼえがないので、「古老物(者)」に尋ねて再度返事をするとあり、二三条保の知行に詳しい「古老」に確認するとしている。この「古老」とは、『北野社家日記』八月一六日条で、伊勢貞職が「蜷川《にながわ》伊賀入道」に尋ねると言っていること、また『目代日記』八月晦日条でも伊勢貞職が「ミな川のいか」に確認しようとしている記事が見られることから、伊勢氏被官の蜷川伊賀入道国親《くにちか》をさしていると考えられる。蜷川国親は文明一三年(一四八一)の蜷川親元《ちかもと》の日記に散見される人物で、『親元日記』同年四月一七日条では、当時の伊勢氏当主貞宗《さだむね》に太刀を進上している(藤田聡氏のご教示による)。

蜷川氏といえば、幕府政所執事伊勢氏の家宰であり政所代をもつとめた親当《ちかまさ》流がよく知られているが、国親は同じ蜷川氏でもこれとは異なる系譜に属する。しかし、多数の門流・諸家から成る蜷川氏が、「同名関係というヨコの関係」に基づいて伊勢氏に仕えていたことが指摘されていることから(井原今朝男「蜷川貞相の法楽和歌奉納と領主間ネットワーク」)、蜷川国親もまた伊勢氏の被官として、二三条保の支配に関わっていたものと考えられる。右の一件については、結局「古道具」で神供を納めるということで、決着している(『北野社家日記』八月三〇日条)。

右の事例以外にも、当該期の『北野社家日記』・『目代日記』には、たびたび「西京代官」として伊勢氏被官の名が見られる。すなわち、実質的には伊勢氏の当主というよりはその被官が「代官」として二三条保を支配していたのであり、こうした体制は一五世紀後半からみられた(藤田聡「戦国期室町幕府における伊勢氏」)。

その様相をさらに探ると、明応八年(一四九九)に、二三条保下司職の代官をつとめていたのは、伊勢氏被官の蒲生安秀《がもうやすひで》で、北野天満宮側から神供の納入がないことを責められた安秀は、わざわざ「明応二年一二月二三日にこの在所の支配を任されてから、神供は一度も欠かしたことはない」と書状にしたためている(『目代日記』六月三日条)。また弘治《こうじ》三年(一五五七)には、二三条保下司職の代官として伊勢氏の在京被官として知られる野依《のより》氏の名も見えている。このとき野依氏が九月九日の節供を納めようとしなかったため、北野天満宮は同じく伊勢氏被官の河村民部や当主の伊勢貞孝にはたらきかけている(『北野社家日記』第八巻、九月七日条)。一六世紀半ばにおいても、西京二三条保下司職を伊勢氏が保持しており、代官として伊勢氏被官が在地支配にあたっていたことがわかる。

ところで第四章で、文安の麹騒動後の西京の様相についてふれるなかで、康正二年(一四五六）の節供注文から、還住した神人たちによる神供奉納の方式を伊勢氏被官の堤有家が西京下司職として定めたことについて述べた。この堤有家については、「伊勢守代」として、幕府の役銭《やくせん》徴収・収納を担う「納銭方」をとりしきった人物であったこと、康正二・三年に幕府が造内裏料段銭と造御所料段銭を賦課した際にも収納機能を管掌した人物であったことが指摘されている（五味文彦「管領制と大名制」）。

そもそも伊勢氏は、応仁の乱前は非守護家であったものの、足利氏譜代の被官の筆頭であったことや、代々の将軍の養育を担ったことから、将軍の近習《きんじゅ》として幕府中枢の政治勢力となり、嘉吉の乱後には大名としての実力を築き、やがて乱後に山城守護となった一族であった。その伊勢氏の権力の基礎をなしたのは、堤氏や蜷川氏・野依氏などの在京被官に加え、山徒（延暦寺僧）や、京郊に位置する西岡の被官人、さらには京近国《きんごく》に散在する国人たちであった。そして、彼らとの被官関係の形成において重要な役割を果たしたのが、将軍家の諸費用を賄うために設置され、伊勢氏が管轄した御料所であった。

すなわち御料所は守護不入《ふにゅう》の地であったため、守護勢力の介入を拒みたい国人と御料所を拡大させたい伊勢氏との思惑の一致によって被官関係が形成されるとともに、在京被官を御料所の代官として料所支配を着実に進めるとともに、料所の住人をさらに被官とすることで、被官群を拡大させていったのである（前掲五味論文）。

西京二三条保は、下司職を伊勢氏が獲得していたものの、中世を通じて名目的には北野天満宮領であり続けた。しかし、伊勢氏の在京被官が下司職もしくは下司職の代官として支配にあたっている点は、料所と共通している。さらに、下司職とその代官を通じ、西京の住人すなわち西京神人を被官化しているという点においても、料所支配方式に通じている。

そこで次に、西京神人の伊勢氏被官化の様相についてみていくことにしたい。

西京神人の伊勢氏被官化

まず、延徳二年（一四九〇）の『北野社家日記』・『目代日記』の記述から、西京神人の吉積氏が、二三条保下司職代官の由良氏の又代官《まただいかん》となっていることを確認することができる。すなわちこの年四月に、北野天満宮神事の「供夏」にあたり、桶をはじめとする道具の費用を納めるよう、北野天満宮から西京に催促したところ、対応したのは、「由良の下」で「代官」をしている「吉積」で、由良氏が前日に負傷がもとで亡くなってしまったため、負担できる状況にないとして拒否している。由良氏の負傷は、その前の月に北野天満宮本殿に土一揆が立てこもった末にその本殿を炎上させるという事件が起きた際に、土一揆を制圧しようとして負った傷であった（『目代日記』紙背、四月七日条・六月晦日条、『北野社家日記』第二巻、四月七日条）。由良氏が伊勢氏被官であったかどうか、明確にし得ないが、下司の代官であることをふまえると、被官であった可能性は高い。

吉積氏は、右のやりとりの直後には、西京七保の「両沙汰人」の一人としてもその名字が見えており（『目代日記』紙背、四月一〇日条）、七保の年貢・公事の徴収責任者であった。こうした有力な神人が、伊勢氏被官のもとで二三条保の支配にも関与していたことになる。

次に明応八年（一四九九）の事例をとりあげたい。この年五月に、七保の一つ「木辻保」沙汰人の神辺（神部）氏から北野天満宮目代のもとに、木辻保に住む神人が困窮して「逐電」したとの報告が寄せられた。当時住人の逐電は、役の賦課を困難にすることなどから、それ自体が領主にとっては罪と考えられ、検断の対象となっていた。具体的には、領主北野天満宮から「闕所」（土地・家屋の没収）という処罰を受けるのが通例であったが、このとき神辺氏は目代に対し、「神人といい伊勢氏の被官といい、（検断の執行を担う北野天満宮公文所《くもんじょ》の）松梅院は知らなくてよいことだが、心得のために伝えておく」と述べている。これに対し目代は、先例として本当に神人と伊勢氏の被官は闕所の対象にならないのかどうか、松梅院の記録を確認するとしている。

この事例から、伊勢氏が下司職として支配する二三条保ではなく、七保の中にも伊勢氏の被官となる神人のいたこと、そうした保を束ねる立場にあった沙汰人の中に、神人であり伊勢氏の被官である者は、領主北野天満宮の検断対象にならないという認識のあったことがわかる。

そしてこのあと実際に、伊勢氏被官の三上氏が、逐電した神人の家の闕所を行っている（『目代日記』五月一四日条・六月二日条）。こうした状況に対し、北野天満宮の別当曼殊院門跡は、「西京の神人であろうと「三職被官」であろうと、北野天満宮が闕所するきまりである」と憤りをかくさず、門跡のもとへ伊勢氏からいろいろ申してきたが承引していないと述べている。

同じ明応八年、今度は七保のうちの「中保」で、「こうや（紺屋）」の家を闕所することになった。北野天満宮から使者が派遣され、闕所の手続きに入ることを宣告したところ、驚くべきことに、保の住人たちが皆出てきて、「こうや」は伊勢氏被官の三上氏の被官であるので、まずは三上氏に闕所となる旨報告したいと主張したという。その数日後、北野天満宮が闕所を強行しようとしたところ、吉積弥二郎と中弥二郎の二人が、「以前に申したように、「こうや」は三上氏の被官であるため、北野天満宮別当と公文所松梅院にはこちらから事情を説明したうえでお許しいただくことにするので、闕所を待ってほしい」と要請している。そのうえで、松梅院のもとへ三上氏の使者として中弥二郎が向かい、門跡のもとへは伊勢氏被官の「よかう」という者が向かうことを告げ、以後これを先例とすることはないので、伊勢氏の方でこの件を引

「西京神人御補任之事」所載名字一覧

保名	旧保名	名字
安楽寺保	一ノ保	糟谷・壇・岡村・桐木・岡田・橋本・服部・西村・夜野
阿弥陀寺保	采女町保	橋本・神幣(＝神辺)・糟谷・夜野
東光寺保	堀川保	数(糟)谷・岸・山西・川井・竹岡・壇
新長谷寺保	中　保	吉積・緒方・林・那賀(＝中)
長宝寺保	大将軍保	本郷・杉生・十鳥・高部・竹田・生嶋

注）下線は中世から確認される名字(132頁参照).

き取らせてほしいとまで述べている(『目代日記』一〇月一七日条・二三日条)。

この事例で注目されるのは、闕所の対象となっている「こうや」が、伊勢氏被官の三上氏の被官とされている点である。先に示した木辻保神人の逐電の事例において、伊勢氏から闕所のため派遣されていたのもまた三上氏であった。

延徳三年(一四九一)に記された、北野天満宮領のリストの中に、「一、山城国西京新御寄進伊勢守被官三上越前守旧借と号し押領仕り候」と見えることから、一五世紀末には、三上氏が西京に進出している様子がうかがえる(『北野社家日記』第三巻、五月六日条)。またこの押領については、翌年の『北野社家日記』の記事から、三上員光が、北野天満宮僧の松梅院にお金を貸したことを理由として行ったものであることもわかる(『北野社家日記』第三巻、延徳四年七月五日条)。「西京新御寄進」が具体的にどこにあるかは不明であるものの、三上氏が西京に進出する過程で、神人の被官化が進んだものと想像される。

さらに注目されるのは、中保を代表して北野天満宮側と交渉している吉積氏・中氏も、その主張の内容および提案の内容から、伊勢氏の被官もしくは又被官となっていたものと考えられる点である。吉積弥二郎・中弥二郎は、いずれも中保に居住する神人であり（『目代日記』明応九年一二月一六日条等）、吉積弥二郎については、先にふれた七保の両沙汰人の吉積氏その人かその縁者と考えられる。そして先にふれたように、西京二三条保下司職代官由良氏の又代官であったのも吉積氏であったことをふまえると、吉積姓の神人が二三条保においても七保内においても伊勢氏の被官もしくは又被官として活動していたことになる。さらに、北野天満宮が「こうや」の家を闕所しようとした際に、中保の住人が総出で阻止しようとしていることもふまえると、いわば吉積氏・中氏を中心に中保全体が伊勢氏の支配下にあったとみても過言ではない。

以上の例をふまえると、伊勢氏が下司職として支配している二三条保ばかりでなく、七保を構成する木辻保や中保においても、伊勢氏の影響力が強く及んでおり、保を束ねる神人たちが伊勢氏の被官もしくは又被官になっていたことがわかる。実際に、伊勢氏のもとで政所代をつとめていた蜷川親俊《ちかとし》が書いた日記には、有力な西京神人の姿が散見される。

すなわち『親俊日記』天文七年(一五三八)一一月廿一日条には、「西京糟谷入道十疋到来」と見え、翌年二月三日条にも「糟谷若狭入道」が「茶二袋」を親俊のもとに届けたことが見えている。この「糟谷若狭入道」は、『目代日記』大永六年(一五二六)正月条に見える「かすやわかさ一保おとな」と同一人物であると考えられ、西京一保を束ねる神人であった。また同日記天文一一年(一五四二)七月二六日条に「西京吉積蔵人十疋到来す」とあり、さらに同年一二月廿七日条に「西京吉積蔵人蔓草・藁到来す」とある「吉積蔵人」も、これまでたびたび登場している有力神人の吉積氏に連なる人物で、『目代日記』延徳二年(一四九〇)一二月二五日条に見える「西京吉積蔵人」と同一人物もしくはその子息である可能性が高い。

麴業独占への執着

それでは、西京神人たちはなぜ伊勢氏と関係を結ぶことになったのだろうか。二三条保に居住する神人が、下司職となった伊勢氏の在地支配を通じ、関係を深めていくことは容易に想像がつくものの、そもそも伊勢氏が正当な支配権を持ち得ないはずの七保に居住する神人たちまでもが、伊勢氏やその被官と関係を結んでいるのはなぜなのだろうか。

闕所の事例をみる限り、武家被官化することによって、領主北野天満宮の闕所を免れることができたとしても、武家による闕所を免れるわけではない。中保の吉積弥二郎が、門跡の知行する西京の「弥勒寺田」の名主でありながら、本役を無沙汰していることが問題になっていることなどをふまえると（『目代日記』延徳三年一〇月二〇・二一日条）、被官化することによって、領主の賦課する役を拒否することが容易になった可能性も、あるいは考えられる。しかしその一方、とくに七保については、神人たちが被官であることを明確な理由として役の免除を実現している事例を見出すことはできず、被官となってもなお領主北野天満宮への役負担は継続したものと考えられる。

そこで想起されるのが、先述したように、伊勢氏がもともと、室町幕府のなかで御料所を管轄するなど将軍家の諸費用を賄う立場にあったことである。特に一五世紀末以降は、政所執事として京都の金融業者に賦課する土倉・酒屋役をはじめ、さまざまな商工業者に賦課される役の徴収を担うとともに、民事裁判にも関与した。いわば伊勢氏は、幕府による京都の商工業者支配の中心に位置した。

文安の麴騒動後、西京神人の麴業は衰退していったと考えられるが、一五〇〇年頃に成立した「七十一番職人歌合《しちじゅういちばんしょくにんうたあわせ》」に描かれる「麴売」（本書二八頁参照）が、西京神人であることからも明らかなように、麴業そのものは生き続けた。そのような状況のなか、天文一四年（一五四五）

八月、西京神人はまさに伊勢氏がおさえる幕府政所に対し、義持政権時代のように、西京一所のみが麴業を担えるよう将軍から命じてほしいとの訴えを起こし(『室町幕府引付史料集成』上巻「別本賦引付」二)、実際に幕府から麴業の独占権を付与されている(『古文書』八七号)。

しかしその後、上京下京の酒屋・土倉も幕府政所に訴状を提出し、一〇〇年以上に及ぶ麴業の実績を誇り、「麴騒動」で北野天満宮を炎上させた西京神人の罪の重さを非難し、西京神人の麴業独占を認めぬよう主張する事態となっており(『室町幕府引付史料集成』上巻「別本賦引付」二)、独占権は復活しなかったものと考えられる。実際、このとき西京神人を支援した山門西塔は、西京麴業が「近年有名無実」となっているのは問題であるとの認識に立って支援しており(『古文書』八六号)、麴業そのものはふるわぬ状況にあったと考えられる。その後永禄四年(一五六一)に、ふたたび西京神人は麴業独占権の獲得を試み、幕府から認められているが(『古文書』一一二号)、実際に独占できる状況となったのかは不明である。

天文一四(一五四五)年に西京神人の麴業独占復活をめぐる訴訟が提起された背景については、近年、法華宗の信者となっていた土倉・酒屋を排除するための、山門西塔による対策との見方が提示されている(杉谷理沙「戦国期酒麴専売訴訟にみる山門の京都支配」)。このような山門側の思惑をふまえたうえで、なお西京神人の立場に立ってこの訴訟提起の意味を考えた場合に、山門との関係のみならず伊勢氏との関係もまた、神人にとって重要であったと考えられる。すなわち政所頭人として幕府の商工業者支配を管轄する伊勢氏の被官もしくは又被官としての実績を積んできたことにより、何らかの有利な裁決を引き出せると期待した可能性があるのではなかろうか。

ただし、酒屋・土倉の中にもまた、応仁の乱前から伊勢氏被官となる者がいたことや、一五世紀後半から一六世紀の京都において、麴業者や酒屋・土倉に限らずさまざまな商工業者が武家被官となっていたことにも留意する必要があり、なぜ戦国期にふたたび神人が訴訟を行ったかについては、今後より詳細に検討していく必要がある。

西京神人の伊勢氏被官化が、いつから始まったかについては不明であるが、応仁の乱前の、一五世紀半ばに始まっていたことは確かである。

すなわち第四章でふれた「能勝古記」に載せる「康正二年（一四五六）九月九日保節供注文」には、神人の名字として「きりの木」・「おかもと」などの名字が見えている。そしてこの史料が、伊勢氏被官の堤有家により定められた節供の納入方式を記したものであること、これまで見てきたように一五世紀末以降の北野天満宮関係史料に現れる、名字をもつ神人の中に明らかに伊勢氏やその被官の被官となっている者がいることなどをふまえると、神人が名字を持つ契機は、伊勢氏被官化にあった可能性が高い。

一方「政所賦銘引付《まんどころくばりめいひきつけ》」所載の文明七年(一四七五)の山門西塔院東谷香林永賢申状には、永賢が永享四年(一四三二)に西京の田地二反を買得し四十余年当知行していたところ、売主である「吉積」が不服を申し立ててきたことが見えている(『室町幕府引付史料集成』上巻)。もし売主が、田地の売買が行われた永享四年段階においても吉積であったと考えてよいのであれば、すでに一五世紀前半には名字をもつ神人がいたことになる。

室町期、荘園村落においても荘官や村の「おとな」が、武家被官となって名字をもち、「侍」身分化していくことが指摘されている。彼らの「侍」身分化の前提には、荘園制に基づく身分編成があり、荘園領主に仕える荘官層を武家が被官化することによって軍役に奉仕させていた(志賀節子「室町期伏見庄の侍衆をめぐって」)。こうしたことをふまえるならば、西京神人の場合も、北野天満宮による膝下領支配が展開するなかで、領主支配を末端で支える「沙汰人」となった、神人のなかでもとくに有力な神人が中心となって伊勢氏と結びつき、名字を獲得していったものと考えられる。そしてそれは応仁の乱前から見られ、とくに文安の麴騒動後、逃亡していった神人たちが西京に「還住」してのち、麴業の独占権の復活をもくろむなかで本格的に展開されていくことになった。

室町将軍への奉仕と「甲の御供」

ところで、西京神人が一五世紀末以降、伊勢氏の被官としての活動を活発化させていったことは、伊勢氏が仕える将軍と西京神人との関係をも深めることになったと考えられる。このように考えるのは、現在、毎年秋に神人家によって献饌《けんせん》される「甲《かぶと》の御供」が、まさに神人の室町将軍への奉仕の歴史を伝える神事であるからである。

「甲の御供」の神饌

この御供は、大永七年(一五二七)の「桂川の戦い」に由来するもので、一〇月一日から五日に行われる瑞饋祭の期間中、西京御旅所にて調進される御供である。具体的には、一〇月三日の午後一時から、御旅所神殿東側の神饌所にて作られ、そののち神殿に奉納される。神饌の内容は、①三方《さんぽう》(三宝)の上に榊《さかき》を敷き、その上に兜《かぶと》の形にととのえた赤飯をのせ、菊の花を挿し、奉書紙《ほうしょがみ》と稲穂を巻いたものと、②栗を奉書紙で包み、四隅をつまんで水引《みずひき》で結んだものとの、二つである。

これらの神饌は、午後三時に神殿で甲の御供の奉納神事が始まると、神前に運ばれる。その際に、七保会を束ねる「宰領《さいりょう》」が祝詞《のりと》をあげる。その内容はまず、大永七年に西京神人が一二代将軍足利義晴《よしはる》を助け、桂川合戦に参戦し、都に入ろうとした三好長基《ながもと》(元長《もとなが》)を撃退したこと、これを受けて、天文一八年(一五四九)五月一八日に、今後三月三日と九月九日に「甲の御供」と勝栗《かちぐり》を御前に供えるよう「沙汰」があったことを説明し、次いで「神人の家内」・「子孫の八十連」の安泰を祈るものとなっている。

「甲の御供」とよばれる御供それ自体は、遅くとも一六世紀末には存在していたことが確認できる(『古文書』一四八号、「東光寺御供覚帳」)。そのうえで、この御供が供えられたとする「九月九日」という日付に着目して、北野天満宮関係史料に見える、中世段階における御供の状況を調べてみると、長享《ちょうきょう》二年(一四八八)九月九日には、二保(「薬師堂保」、近世の「東光寺保」)から「節句(節供)」として「栗」や「鉢」が北野天満宮に進上されている事実を確認することができる。また、延徳二年(一四九〇)九月九日にも、「栗一包み」・「鉢めし《(飯)》」が進上されていることが明らかである。さらにさかのぼって、弘安六年(一二八三)「北野宮寺公文得分注文」により、九月九日と三月三日に「西京御節句」が納められていたことがわかる。したがって、甲の御供の由来とされる大永七年の桂川合戦よりも前から、「栗」や「めし」を用いた御供が、神人によって九月九日と三月三日に天満宮へ調進されていたことになり、その淵源は文献史料上、鎌倉後期にまでさかのぼる。

このような歴史をもつ九月九日・三月三日の「節供」が、現在の神人家によってよみあげられる祝詞において、大永七年の桂川合戦と結び付けられ、「甲の御供」とよばれているのはなぜなのだろうか。この点について、文献史料から可能な限り検証してみよう。

まず、桂川合戦そのものは、大永七年二月一三日に、将軍足利義晴を奉じる細川高国《ほそかわたかくに》と、細川晴元《はるもと》とが対立することによって起こったことが知られている。合戦後、義晴―高国は近江国へ逃れる一方、四国から足利義維《よしつな》と細川晴元が堺に入り、いわゆる「堺公方《さかいくぼう》」の成立となる。近年の研究により、桂川合戦で活躍した晴元方の柳本賢治《やなぎもとかたはる》は、合戦直後から京都で禁制《きんぜい》を発給していたことが明らかになっている（禁制（制札）を持つ者は、禁制の発給者が指揮する軍勢の暴力から保護される）。また、細川京兆家《けいちょうけ》の近習としての性格から、「自前の軍勢」を持ち合わせず、「京都近郊の土豪の庶流や商人など」を被官化していたこと、合戦後は、将軍を足利義維とし晴元と高国を和睦させ京兆家の統一を目論む三好元長と、足利義晴のもとに義維を吸収しその体制下で晴元の地位を確立させたい柳本賢治とが、統一構想をめぐり対立したことも指摘されている（馬部隆弘「「堺公方」期の京都支配と柳本賢治」・「戦国期畿内政治史と細川権力の展開」）。

桂川合戦に、西京神人が参加したことを明確に示す同時代史料は、現在までのところ確認できていない。ただし『北野社家日記』大永七年二月三日条に「柳本（賢治）出張と云々、西京悉《ことごと》く以て焼き払う。右馬頭殿（細川尹賢）・玄蕃頭（上野一雲）子息・金輪院・香川已下、皆々西京へ打ち出ださる」とみえる。また『二水記《にすいき》』にも「早朝丹州（柳本賢治）敵なお以て出張。西岡悉く以て焼失す。その外下桂辺少々焼ける。京勢馳《は》せ向かうと雖も、纔《わずか》に西京辺に陣すと云々。右馬頭北野経堂に陣す」とある。さらに『二水記』同年二月七日条には、「西京の諸勢、敵方指したる事無きにより、まず引き退がると云々」ともみえている。すなわち桂川合戦の起こる一〇日前に、西京が柳本賢治らによって焼かれたこと、足利義晴方の軍勢が西京に向かい陣取りをしたこと、「西京の諸勢」が義晴方について動いていたことがわかる。

こうした状況をふまえるならば、西京および西京神人が、足利義晴—細川高国と細川晴元の対立抗争に無関係であったとは考えられない。柳本賢治の動向をもふまえるならば、この合戦は、足利義晴方の軍勢も含め、京郊村落・洛外地域の商人や土豪をまきこんで展開されていた可能性が非常に高い。西京神人が一六世紀においてもなお麴業をめぐる特権の獲得を諦めていなかった点や、一五世紀末から武家被官化している点をもふまえると、甲の御供の由来を桂川合戦に結び付けて語る祝詞は、ある程度史実を反映しているものと考えられる。

こののち天文二一年(一五五二)には、足利義晴が「御城山御普請」を西京七保神人に命じている(『室町幕府文書集成　奉行人奉書篇』下)。このとき、「前々御下知の筋目、殊更に先年の御堀の時例に任せ、当社務として西京七保人足の儀、家次《いえなみ》として申し付けらるべし」とあることからみて、「西京七保神人」を動員した先例がすでに存在し、また人足役が神人の家ごとに賦課される性格のものであったこともわかる。

以上のような状況から、西京神人は一六世紀になると、北野天満宮支配下の神人という性格を保ち続けながらも、ときに将軍の命令により人足役を負担したり、軍勢に参加したりするなど、幕府の直接支配をも受ける存在になっていたことがわかる。このような将軍や幕府との結びつきの前提にあったのが、幕府政所伊勢氏との被官関係であった。当該期の西京神人は、北野天満宮領の住人として神供を納めつつ、その一部は麴業を維持する商工業者でもあり、ときに武装して戦う武士としての性格をも帯びるという、いくつもの性格を持ち合わせる存在であったのである。

二〇一八年まで西京にあった神人家川井家住宅には、玄関を入ってすぐの右手の壁に、長槍が三本ほど横に掛け渡されていた。清人氏のお話によれば、万一泥棒が入ったときのために用意されたものであったといい、槍の下にはいざというときに身を隠せる引き戸も用意されてい

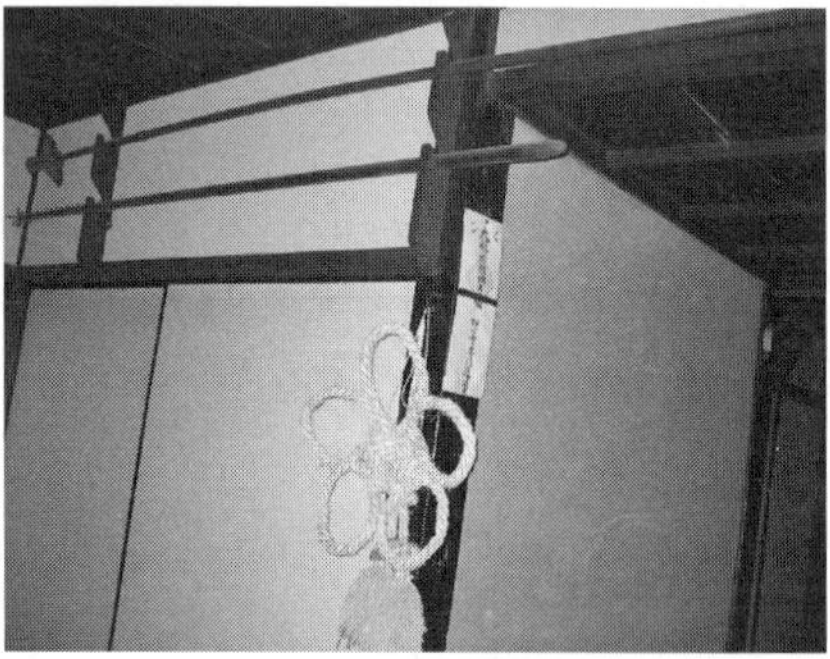

川井家の長槍

た。今となっては確かめようもないが、あの長槍はもしかしたら、もともとは合戦参加の折に用いられた歴史があったのではなかろうか。現在、神人が幕府の軍勢に加わり戦った歴史を明確に伝えるのは、甲の御供のみという状況である。しかしその甲の御供が、桂川の戦いから五〇〇年がたとうとしている今においてもなお神事として存続している事実に、神人の歴史においての一六世紀という時代、戦国時代という時代の重要性がよく現れている。

第六章　神職と麴業——近世の西京神人

麴業の衰退と「神人」身分の存続

一六世紀、北野天満宮膝下領の住人であり、麴業を中核とする商工業者であり、幕府の軍勢動員に応じる武士でもあった神人は、どのように近世を迎えたのだろうか。

中世末期から近世初期にかけての麴業の様相からみていくと、近世になって西京神人が記した口上書《こうじょうがき》（供述書）には、元禄一〇年（一六九七）の段階で神人が八〇名ほどいること、菅原道真在世時より社職・神役をつとめていたこと、昔から「洛中洛外辺土」における「麴運上の徳《ママ》利」を「神役料」として支給され、そのかわりに「社内勤番・御神事等」をつとめてきたこと、しかしながら元亀年間（一五七〇～一五七三）に「麴運上の徳利」が得られなくなったためにしだいに困窮し、「社内勤番等」も中絶したとある。そこでその利益の復活をしてほしいというのが彼らの主張である（京都市歴史資料館架蔵写真帳「川井清行家文書」所載「西京社家神人惣代口上書写」）。

この翌年の元禄一一年に記された口上書にも、「北野天満宮酒麴役料」が天正年間（一五七三～一五九二）に「中絶」したと見えている（前掲「川井清行家文書」所載「西京社家神人惣代口上書写」)。これら近世の神人の主張において、神人が得ていた利益を「麹運上の徳利」や「酒麹役料」としているのは、一般に中世末期の神人・供御人が、実体的商品流通から乖離し徴税権者化する傾向にあったことが指摘されていることをふまえると、麹業の独占権というよりはむしろ、麹業者からの徴税権を意味しているものと考えられる。

西京神人が中世において、麹業者から徴税していた事実を確認することはできないため、ここでの主張がどこまで実態を反映しているものかは定かではない。しかし、かつては徴税をし得るほど麹業において君臨し、利益を得ていたと主張しているものと捉えることができる。近世においてもなお神人たちが麹業にこだわりをもっていたことがうかがえる。

いずれにしてもこれらの文書により、元亀・天正といった織田政権・豊臣政権の時代に、西京神人の酒麹業が壊滅的状況となったこと、しかしながらこれ以後近世にいたるまで「酒麹役料」の復活・獲得が、神人の切望であったことがわかる。

このように、麹業を製造・販売する商工業者としての西京神人の存続は、戦国末期において危機的状況にあったといえるものの、そうした生業の動向とは別に、近世以後も「神人」身分そのものは存続していった。すなわち文禄元年(一五九二)、豊臣政権は次のような文書を発給している(『古文書』一四五号、一二月一三日付前田玄以判物《はんもつ》(折紙))。

西京侍分《さむらいぶん》の事、御代々御下知《げち》を帯び、北野宮寺神人たるにより、夫役《ぶやく》を除き畢《おわ》んぬ。次いで上下住宅の儀、京都町並の如《ごと》く相構えるの条、地子銭《じしせん》御免除成さるるの上は、いよいよ神役を専《もっぱ》らにすべきの状くだんの如し。

文禄元年

十二月十三日　　　　　玄以（前田）（花押）

西京七保神人中

京都所司代（豊臣秀吉の意を受けて検地や役の免除、検断等を差配する職）の前田玄以が、「西京七保神人中」に対し、「北野宮寺神人」であることを理由に、豊臣政権が賦課する人夫役と地子銭（家屋と土地にかかる税）を免除すること、かわりに北野天満宮への「神役」を負担することを命じた文書である。

ここで注意されるのは、この命令書が「西京侍分の事」という書き出しで始まっていることで、豊臣政権は、西京神人が北野天満宮神人であると同時に、「侍分」すなわち「侍」身分の者であったと認識していたことがわかる。「侍分」とされたのは、前章でみたように、戦国期の西京神人が武家の被官となって軍勢動員に応じていたことと対応しているものと考えられる。また、地子銭を免除するにあたり、西京神人が「京都の町並の如く」住宅を構えていることを理由にしていることも注目され、戦国期まで「洛外」に位置した西京七保をいわば洛中に等しい扱いにしていることがわかる。

このような文書が豊臣政権から西京神人に下された背景には、どのような経緯があるのだろうか。

この前年の天正一九年(一五九一)、豊臣秀吉は土居堀(御土居《おどい》)の築造や検地等をともなう京都改造を完成させている。京都改造のうち、検地については公儀の賦課する人夫役の負担と地子役免除を指標とする「町人」身分の析出を意味したことが指摘されている(吉田伸之「公儀と町人身分」)。すなわち天正一九年以後、公儀によって「町人」身分と認定された京都住民は、公儀に対し人夫役を負担することが義務づけられるとともに、中世においては領主に納めていた地子銭を免除されることになった。天正一三年から一九年にかけて、北野天満宮領においても検地が行われており、天正一九年には検地の結果公認されることになった北野天満宮領を一覧にした「豊臣秀吉朱印知行目録」が作成されている(『古文書』一四一号)。

したがって、文禄元年に西京七保神人に下された右の文書も、検地をへた上での、豊臣秀吉による「神人」身分の確定を意味するものと捉えることができる。すなわち地子を免除される、という点においては、「町人」身分と共通する要素を持ちつつも、公儀による人夫役ではなく北野天満宮の賦課する「神役」——神供領よりの神供の調進——を負担することが、「神人」身分の基本的条件であったのである。そしてこうした「神人」身分の確定は、江戸幕府にも基本的に踏襲され、慶長九年(一六〇四)、京都所司代板倉勝重が「七保社人」に対し人夫役免除を通達している(『古文書』一七一号)。

その一方、豊臣政権は京都改造によって、西京の空間に大きな変化をもたらしている。すなわち先の「神人」身分を確定した文書が下されたその数日後には、「西京神人沙汰人中」宛の文書が下され、北野天満宮の朱印領である西京のうち、これまでの「神供領」のかわりとして西院村二九石四斗四升を「水帳分《みずちょうぶん》」として遣わすことが指示されている(『古文書』一四六号)。これは前年の天正一九年(一五九一)に、「土居堀」が旧来の北野天満宮領西京を分断する形で構築されたことによるものである。

土居堀とは、豊臣秀吉によって、天正一九年閏一月末から三月初旬という短期間のうちに京都全域を囲い込んで構築された、「日本にはじめて実現した首都の城壁」であった(中村武生「豊臣政権の京都都市改造」)。この土居堀築造によって、北野天満宮の社家松梅院には、「所々土居堀成ならびに屋敷成替」として替地が付与されており（『古文書』一四一号、天正一九年九月二三日付豊臣秀吉朱印知行目録）、これと同様の対応として、西京神人に対しても土居堀の形成によって減少した支配地の替地を付与したものと考えられる。

先述したように、「沙汰人」は中世の西京七保において、年貢・公事の徴収責任者であり、沙汰人が徴収した年貢・公事は領主北野天満宮に納入された。したがって、中世において神人が、北野天満宮の別当や社家と並ぶ「領主」として、西京に所領を有する状況が公的に認められることはなかったといえる。しかしながら、豊臣政権期に二九石分の替地を付与されている状況は、武家被官化し、北野天満宮神人としての性格を逸脱するような活動を展開していった一六世紀以降、神人が沙汰人を中心に、西京の地を独自に支配・所有する実態が展開していった状況の反映と見られる。

ただし、土居堀それ自体は、西京七保および二三条保という、中世西京の空間を縦断するように形成された。近世初期には、かつての七保一帯は大将軍村・西京村・木辻村に編成されており、このうち大将軍村・西京村は土居堀の内側、つまり「洛中」に、また木辻村は土居堀の外側に位置する空間となっている。先に見た、文禄元年の神人身分確定文書は、すでに土居堀が築造されたのちに発給されながらも「七保神人中」宛となっている。したがって、近世へと移行する時期の西京神人は、集団としては維持されながらも、基盤とする空間については土居堀によって分断されているという状況となっていた。

補任運動の展開

それでは、豊臣政権によって「神人」身分の継続が認められた西京神人は、麴業をめぐる特権の回復もままならないなか、どのように近世を迎えていくのであろうか。また近世の西京神人の「神人」としての内実はどのようなものであったのだろうか。

ここで注目されるのが、慶長年間(一五九六〜一六一五)以降、西京神人がたびたび北野天満宮に対し、「社参《しゃさん》」・「補任《ぶにん》」要請運動を展開していることである。その早い例は慶長三年(一五九八)から四年にかけてのもので、慶長三年一二月二七日に松梅院のもとへ「社参」の許可を要請しており、翌年正月二三日にも松梅院のもとを訪れ要請している。翌日松梅院は、「神人法《はっ》度《と》」を発布の上、門跡と自分にそれぞれ三〇貫文ずつ補任料を支払うことを条件に、神人の「社参」を認めている(『北野社家日記』第五巻)。ここでいう「社参」とは、具体的には二月九日に行われる「嘉例之神事《かれいのしんじ》」への参加をさしていた(『古文書』一五四号)。

ただし、このときの許可は一時的なものにすぎず、早くも八月にはふたたび神人によって

「社参」要求がなされている(『北野社家日記』第五巻、八月五日条)。

そもそも中世においては、神役や年貢・公事の納入をもって西京神人は「神人」たり得たのであり、あえて神人「職」として「補任」されることはなく、実際のそうした事例も見当たらない。また先にみたように、豊臣政権によって「北野宮寺神人」であることも認められているなか、なぜ神人は補任料を負担してまで神人職の補任をのぞみ、「社参」の許可を求めたのだろうか。

この点について、少し時代が下って元禄二年(一六八九)に起きた、神人職の補任をめぐる相論から検討してみたい。この相論について記した「西京神人御補任一件留書」という史料によると(『北野天満宮史料　目代記録』所載)、この年四月、西京神人が北野天満宮別当曼殊院門跡と社家松梅院に対し、神人職の補任と「社参」要求を行っていることがわかる。そしてそこに至るまでの経緯として、これより前の慶長一二年(一六〇七)、遷宮《せんぐう》が執り行われるのを契機として、すでに神人八三人が曼殊院門跡から神人職に補任されていたことが見えている。しかしこのとき神人が、「装束」を身につけて社参したために、宮仕《みやじ》の抗議を受け、「社参停止」となってしまった。そこで改めて、この元禄二年に、「神人装束」着用のための訴訟が神人によって起こされたのである。

こうした神人の要求に対し、松梅院は神供調進をきちんと行っていることなどを理由に肯定的であったが、妙蔵院・徳勝院・玉松院の北野天満宮僧や宮仕たちは、反対している。その理由は、西京神人が、このときから二五〇年ほど前の文安の麴騒動で北野天満宮に火をかけた「神敵」であるからというものであった。

社僧たちから抗議の意を表した口上書を受けとった曼殊院門跡は、①文安の麴騒動以後、神人は西京に「還住」し、先規どおり公儀から「神役」に従うよう下知状を下されている、②禁裏からも「受領官之口宣《くぜん》案」を下されている、③節句の際に神供をきちんと調進している、などの理由により、補任することに何ら問題はないとの門跡の意向を通達している。そして結局「装束」の問題が保留されたまま、ひとまず補任がなされた。

このときの補任の様子については、別に「西京神人御補任之事」という、同じく北野天満宮目代の手になる記録が存在する(『北野天満宮史料　目代記録』)。この記録によると、このとき七五名の者が神人として補任されるとともに、門跡にあてて「神人交名《きょうみょう》」(神人の名簿)も提出されたという。その交名には安楽寺保・阿弥陀寺保などそれぞれ寺名を帯びた五つの保ごとに、神人の名が書き記されており、いずれも名字を持っている。

この神人交名で注目されるのは、一五世紀以降の史料で確認できる名字が散見されることである。すなわちこのとき補任された神人の多くは、中世の神人の系譜をひく家の者であった可能性が高い。また、「七兵衛尉藤原重勝」・「左衛門尉菅原宣長」など、多くの者が兵衛尉・左衛門尉などの官途《かんと》を名乗り、すべての者が藤原・菅原・橘《たちばな》・壬生《みぶ》・平のいずれかの姓を名乗っている点も注目される。これらの官途や姓は、曼殊院門跡が補任を認める際に根拠としている、禁裏からの「受領官之口宣案」と対応しているものと考えられ、西京神人が朝廷とも結びつきながら官途を得て神職化しつつあることが読み取れる。

一方、この元禄二年の訴訟において、神人は「装束」の着用許可をも求めており、この翌年の二月二五日の神供備進を前に、ようやく許可を得ている。神人が「補任」とは別に、「装束」着用にこだわったのは、なぜなのだろうか。

実は、二月二五日の神供備進にあたった神人三人は、「上下《かみしも》」を着用するばかりでなく、「笏《しゃく》」を持つという出立ちであり、社殿の中段で神拝の上、沙汰承仕《さたじょうじ》（宮仕の一人が担う職務）へ神供を渡す、という備進方式をとっていた。翌年になるとさらに、神人六人が「装束」のほか、「沓《くつ》」や「朱傘《しゅがさ》」をも身につけ、拝殿と大床で幣をふり、神前にその幣を納めるという「新法」を取り入れて神供を備進したため、北野天満宮側がその幣を取りおろす事態となっている。このときの松梅院家来の言によれば、本来の「古法」は、神人が神供の入った長櫃《ながびつ》を沙汰承仕に渡し、承仕がそれを神殿番の宮仕に渡し、神殿番の宮仕からさらに宮仕の一﨟《いちろう》へ渡し供える、というもので、神人は神供を沙汰承仕に渡すのみでよかった。それにもかかわらず、このとき神人は奉幣まで行ったのであり、神人にとって「装束」着用は、こうした「新法」を行うために必要なものだったと考えられるのである。

さらに、この元禄期の訴訟に際し、神人は補任後に「御旅所取たて」を行おうとしていたことが、宮仕の提出した口上書から明らかとなる(『北野天満宮史料　目代記録』)。「御旅所」とはすなわち、中世の北野祭において神輿が渡御した西京御旅所のことである(第三章参照)。松梅院が門跡坊官あてに記した口上書には、近年神人中が「氏神敬信」を名目として、神事奉行である松梅院に無断で御旅所に拝殿を造立したので、前松梅院の尚禅がとがめた経緯が書き記されている(『北野天満宮史料　目代記録』)。すなわち御旅所の「取たて」とは、具体的には西京御旅所に拝殿を造立することを意味したのである。

以上の元禄期の訴訟をふまえると、中世の西京神人が、麴業者を核とし、酒麴役の免除と北野天満宮への神役負担を「神人」身分の要件としていたのに対し、近世の西京神人は、「装束」を着用して奉幣を行い、御旅所に拝殿を設けて独自の祭祀を行う、いわば神職としての神人であった。

中世においても、神人が節供や道真の忌日《きにち》にあたる二月二五日に神供を奉納しているものの、北野天満宮本殿まで入って奉納した例は見られず、本殿への神供奉納はもっぱら宮仕が担当していた。そのようななか、元禄期には神人が神供奉納にあたり本殿内に入って奉幣を行っていること、そのための「装束」着用を許可されたことは、宮仕の職務を浸食する、まさに新たな神人像の確立を意味した。それゆえに、宮仕の側は、文安の麴騒動による本殿の炎上という二五〇年近く前の事件を持ち出して、神人を「神敵」とまで言って激しく補任に反対したのである。こののちも、近世の西京神人は社僧や宮仕と対立しつつ、曼殊院門跡と結びつきながら配札や社参要求を行っており、文政一〇年(一八二七)には供御所の神宝開帳を実施していたことが指摘されている(石津裕之「神社・門跡・社僧」)。

いずれにしても、元禄期に門跡によって神人の補任と「装束」着用が認められることになり、二月二五日の神事が行われることとなった。そしてこの二月二五日の神事は、近世においても「菜種の御供」として広く知られるようになり、現在においても「梅花の御供」として継承されるに至っている。そこで次に、菜種の御供の歴史についてみてみることにしたい。

菜種の御供

二月二五日の菅原道真の忌日に、西京神人が神供を供えるという行事それ自体は、実は近世に始まったことではなく、すでに鎌倉後期から見られる。すなわち弘安六年（一二八三）の「北野宮寺公文得分注文」に、「御忌日会」の神供に関する記載が見られ、花や米・酒・若菜・鯛などが供物とされている（『北野社家日記』第七巻）。そして少し時代が下って長享二年（一四八八）には、二月二五日に「御鉢《みはち》御供」とよばれる御供が進上されていたことを『北野社家日記』・『目代日記』同日条から確認することができる。注目されるのは、翌長享三年の『北野社家日記』二月二五日条に、「今日参詣人超過云々」とあることで、御鉢御供が奉納される二月二五日には、北野天満宮に特に参詣者が多く集まる状況となっていたことがわかる。

さらに、一六世紀末から一七世紀に成立した「東光寺御供覚帳」には、二月二五日の御鉢御供の具体的な内容として、「大はち（鉢）」・「小はち」や、「一保ノかうたて（香立）」・「宋町（宇町（保））ノかうたて」といった保ごとに用意される「鉢」や紙立に関する記述が見られる。これは、現在二月二五日に行われている梅花の御供において、西京神人家が用意する「大飯《おおばん》」・「小飯《こばん》」と香立《こうだて》（紙立）に対応している。したがって、現在の梅花の御供の原型は、遅くとも一五世紀末から一六世紀には存在していたものと考えられる。

「北野天満宮菜種御供」

天明七年（一七八七）成立の『拾遺都名所図会《みやこめいしょずえ》』には、この二月二五日の御供について、「北野天満宮菜種御供」と題した絵を載せている。すなわち、このころには御鉢御供は「菜種御供」とよばれていたことがわかる。また、菜種の御供について、鳥羽《とば》天皇の時代の天仁《てんにん》二年（一一〇九）に始まったとの説明が付されている。

近代に入って太陰暦から太陽暦へと改暦されたのにともない、この菜種の御供は、梅花の御供とよばれるようになっている。すなわち新暦二月二五日は、菜の花の咲く季節とずれてしまうため、現在は梅の花を用いた神供が供えられている。その様子について紹介しよう。

まず前日の二月二四日午後一時に、北野天満宮境内の竈社《かまどしゃ》の前に、神人家「七保会」の人々が白い「浄衣《じょうえ》」を身に着け、各自で米を持ち寄って集合し、道具と共にお祓いを受けるところから神供づくりが始まる。そして竈社のそばにある御手水舎の水を用いて米をとぎ、天満宮からもらい受けた火を使って竈《かま》で焚《た》いた神饌を調理する。具体的に

神饌づくりの様子①

は、①蒸し米を洗って再び蒸し、大・小の型に入れて木桶の上に載せた「大飯」・「小飯」と、②筒状にした奉書紙の中に玄米を入れ、紅梅・白梅を挿した「香立」と、③奉書紙を折って作った「雄蝶」・「雌蝶」を瓶子《へいじ》に挿したもの、の三種類の神饌を用意する。①が野外の竈社・御手水舎付近で調理されている間、②・③は、境内西側の紅梅殿で準備される。すべての御供が完成するころにはあたりも暗くなっており、半日がかりの御供づくりとなる。

　翌二五日は、午前一〇時から北野天満宮本殿で「梅花の御供」の神事が執り行われる。本殿内で、天満宮の神職の方々と七保会とが向かいあって座り、前日に準備された御供の献饌となる。このときに、七保会の「宰領」が奉幣を行うとともに、祝詞をあげることになっており、その内容は、菅原道真が大宰府で延喜三年(九〇三)二月二五日に亡くなった際、七保会の「先祖《おやたち》」が、道真のもとに侍《はべ》っていた、との神人の来歴と、天仁二年二月二五日に、鳥羽天皇から毎年「菜種の御供」を奉るよう仰せがあったため、「大御鉢」・「小御鉢」・「香立」・「雄蝶・雌蝶の御酒」を供えるようになった、という御供のいわれとから成っている。

　二月二五日の神供奉納が鳥羽天皇によって始められたことを裏付ける史料を確認することはできないものの、『拾遺都名所図会』と同様に、祝詞においてもまた鳥羽天皇によって始められた行事であると説明している点は注目される。

(上)大飯・小飯
(下)香立

　こうした現在の梅花の御供の祭式は、まさに先に見た元禄期の神人訴訟によって確立した、装束を身に着け奉幣を行う祭式であり、現在の梅花の御供は直接には一七世紀に確立したものであるといえる。しかしながら、そこで供えられる神供は、一六世紀から確認されるものであり、さらに神供奉納それ自体は一二世紀にさかのぼって確認することができる。したが

神饌づくりの様子②

って、現在の梅花の御供は、西京神人が遅くとも一二世紀には行っていた二月二五日という道真の忌日における神供奉納を、中世末期から近世初期にかけて独自に発展させてできた祭式であるといえる。

現在、蒸し米を冷ます道具として用いられている「舟」については、元禄四年（一六九一）の三月三日の節供奉納について記した記録に、「往古より、はかまヲ着たる神人《じにん》共《ども》御供ノ舟ヲにない来《きた》リ、役者御供相渡シ、さて衆中へ請取《うけとる》法なり」と見えている（『北野天満宮史料　宮仕記録続一』）。すなわち、昔から袴姿の神人が神饌を載せた「舟」を担って北野天満宮へとやってきて、宮仕の代表者に渡し、それを宮仕の「衆中」が受け取ったのち神前に供えられるきまりであったことがわかる。「往古より」がいつからをさしているのか明確ではないものの、この記録が書かれた一七世紀の末より以前から、西京神人の御供献饌において「舟」が用いられていたことが明らかとなる。すなわち現在の神饌づくりの道具には、神人の御供献饌の長い歴史の痕跡が色濃く現れているのである。

筆者は、梅花の御供を調査させていただいた際に、大飯・小飯の「お下がり」から黄黴が生えたことがあるというお話をうかがったことがある。大飯・小飯が蒸した米からつくられる神供であることを想起するならば、この神供は、麴づくりと共通する要素を帯びている可能性がある。もしそのように考えてよいのならば、梅花の御供には、麴業を営む神人の歴史と、神人独自の天神信仰が凝縮されているといえるだろう。

神人交名と御供所

これまで、近世初期の西京神人が、神人職の補任をのぞみ、装束を着用しての神供奉納を要求し、実現をする過程をみてきた。ここで改めて注目したいのは、神人職の補任にあたり、西京神人が神人交名(「社人連氏」・「神人連氏」とよばれる)を作成していたことである。この神人交名によって、作成時の神人の名や人数が判明するだけではなく、保や御供所の様相もうかがうことができる。

神人交名は、先にふれた元禄の訴訟時のみならず、中世末期から近世期にかけての交名が複数確認されることから、神人間で何度か作成されたものとみられる。比較的早いものとして、神人家の一つ本郷家にのこされた「本郷家文書」の中に、慶長七年(一六〇二)の神人交名があ

る（京都府立京都学・歴彩館所蔵「本郷家文書」1）。

「一保」から始まって、「宇町保」・「堀川保」・「中保」・「大将軍保」の五つの保ごとに、神人一人一人の名前と花押（または略押）が書かれている。そして末尾には、「右いずれも神人中一味たるべく候、もし同心無きにおいては、衆中をはずし申すべきものなり」という誓約文言が記されている。「本郷家文書」には、慶長から慶応年間までの年号を持つ一二三通もの神人交名が伝存しており、すべて二月九日付である点に特徴がある。

この二月九日という日付については、菅原道真没後、神人の「先祖《おやたち》」が帰京した日にちなんだ日付であると考えられる。すなわち明治三〇年（一八九七）に、当時川井家の当主であった川井菊太郎氏（清人氏の曽祖父）がまとめた「瑞饋神輿略記」（第三章参照。以下、「略記」と表記）には、延喜五年（九〇五）二月九日に、神人の祖先が大宰府から帰京し、西京北町に安楽寺を創建したことが見えている。

さらに近年、川井家の所蔵していた史料の中に、文禄五年（一五九六）・慶長六年（一六〇一）・元和《げんな》九年（一六二三）・寛永七年（一六三〇）の神人交名が確認された。いずれも巻子本に仕立てられており、奥書には明治二三年（一八九〇）に菊太郎氏が表装したことがみえており、題簽《だいせん》には「文禄五年北野宮寺神人連氏」などとして作成年とともに「神人連氏」とある。現在確認した限りで、最も古い神人交名は、この川井家が所蔵していた文禄五年の交名となり、豊臣政権によって「神人」身分が確定されてからそう時をおかずに、このような交名が作成され始めたことがわかる。文禄五年の交名も、「一保」・「宇禰《うね》保」・「新保」・「中保」・「大将軍保」の五つの保ごとに神人の名を記しており、末尾に誓約文言が付されている。

この史料のなかで、中世には「七保」とされていたものが、「五保」となっている点をどのように考えたらよいだろうか。第四章でもふれているとおり、西京神人は、北野天満宮創建時に右京一条から二条の間に、七か所の御供所を保ごとに構えたとの言い伝えを持っており、明治四二年(一九〇九)に北野神社社務所によって編纂された『北野誌』にも、一保＝安楽寺、二保＝東光寺、三保＝長宝寺、四保＝新長谷寺、五保＝満願寺、六保＝阿弥陀寺、七保＝成願寺とし、道真の生前に安楽寺で奉仕した者を七組に分け、各保に所属させて神事の奉仕をさせた、と説明している。同じく明治・大正期に編纂された「京都坊目誌」にも、七保とその御供所に関する記述がみられ(『新修京都叢書』第一八巻三一二頁、「京都坊目誌」上京第十學區之部)、少なくとも近代に至るまで、西京に七保があり、保ごとに御供所が設定されていたとの認識があったことがわかる。

このように、近代になってからその存在が明確になる御供所の、その成り立ちがいつであったかについては、必ずしも明らかではない。しかし例えば二保の東光寺の前身の薬師堂はすでに一五世紀半ばの史料に確認され、五保の満願寺も、一六世紀はじめの史料に確認される。また安楽寺も一七世紀はじめには史料上で確認されることから、七つの御供所はいずれも、遅くとも中世後期から近世初期にかけ西京神人によって建立されていったものではないかと推察される。

その一方、慶応四年(一八六八)に神仏分離令が発令されたことを契機として北野天満宮が教部省に宛てて作成した願書(明治六年(一八七三))には、天満宮の「境外《けいがい》」に往古から「七保」と称する地があり、「七箇所之神供所」があったが、「中古」に二か所が廃絶し、残った五か所のうち四か所も荒廃して「一之保」の御供所のみがかろうじて神供所としての体裁を保っていると記されている(『北野天満宮史料　御土居編年史料』所収「諸願伺届綴込」近代社務記録)。

こうした記述を参考にするならば、「中古」がいつをさすのか不明であるものの、一四世紀末の北野祭の復興に際し七保が確立したのち、一五世紀半ば以降に保ごとに御供所が形成されていったものの、一六世紀末から一七世紀のどこからの段階で二つの御供所が廃絶したということになろうか。そしてこのことと対応して、一六世紀末以降作成される神人交名には五保のみ見えるものと考えられる。中世の七保の一つ、木辻保に相当する保(成願寺保)が見えないことなどをふまえると、あるいは土居堀の形成によって七保の一部が洛外に置かれることになったことも影響しているのかもしれない。

瑞饋祭の隆盛

さて、近世の西京神人の歴史を語るうえで欠かせないのが、瑞饋祭である。すでに第三章において、応仁の乱によって北野祭が断絶したのち、西京神人が神饌を神輿に発展させながら、独自の祭礼を発展させていったことを述べた。近世に入ると、慶長一二年(一六〇七)に、西京神人のみならず近隣の農家も協同して、西京の堀川町にあった「二之保御供所」で「葱花輦《そうかれん》形」の瑞饋神輿がつくられるようになったこと、「瑞饋」にちなんで「芋苗英《ずいき》」で屋根を葺き、その周囲を神饌で飾り立てるようになったことがわかる。

こうした祭礼の様相について具体的に語った近世史料を、残念ながら見つけ出せていない。しかしながら、北野天満宮の宮仕がのこした宝永三年(一七〇六)の記録には、この年の九月三・四日に、「西京上大将軍・下大将軍作り物の鉾五本・釣灯《つりとう》・笠鉾」が北野天満宮に参ったこととあわせ、「頃日《けいじつ》風聞に西京に祭礼を催す旨なり、少《すく》なき御輿を拵《こしら》える等の事なり」との記述がみられる(『北野天満宮史料　宮仕記録続三』)。さらに正徳三年(一七一三)の『宮仕記録』にも、九月四日のこととして、「西京の祭のねり（練）物出す由なり。大将軍村下横町より鉾・引山《ひきやま》東の鳥井（居）の辺まで来る」と見えている（『北野天満宮史料　宮仕記録続四』九月四日条）。一八世紀初頭には、九月三・四日に、西京で祭礼が行われていること、「作り物の鉾」や神輿、さらには「ねり物」まであったことが知られる。

先にふれた明治三〇年成立の「略記」にも、「応仁ノ兵乱ヨリ此神輿渡御式モ断絶セシニ付、更ニ瑞饋祭ヲ九月四日以後明治七年迄此ノ日ヲ以テ行ヒタリトナシ……」と見え、瑞饋祭は明治七年（一八七四）まで九月四日に行われていたことがわかる。したがって、宮仕の記録に見える西京の祭礼とはまさに、瑞饋祭をさしていると考えられる。

祭礼の様子は「略記」によれば、まず瑞饋神輿を安楽寺天満宮へかついで行き、神前に神輿を安置する。神人が神輿を「清祓」し、そのあと神殿に進んで祝詞を捧げる。その後、北野天満宮の神前にも神輿を据えたのち、西京中を振り巡った。これに触発されて、大将軍村や紙屋川町・上七軒でも瑞饋神輿をつくるようになり、その出来栄えを競ったという。先にふれた『宮仕記録』に、西京の祭礼に、大将軍村から鉾や練物が出されたとあるのも、こうした「略記」の記事に符合する。さらに天保年間（一八三一〜一八四五）には、瑞饋神輿を仙洞御所まで舁いて、「光格（ママ）天皇」の叡覧《えいらん》に供したという。

さらに注目されるのは「略記」に、「明治七年以前北野ノ産土《うぶすな》ニテ神輿ヲ造リ祭リシ所」として、明治期のはじめに一時瑞饋祭が断絶するまでの間、どのような地域がどのような形状の神輿をどのようにつくっていたかが細かく記されていることである。具体的には、西京(村)・大将軍(村)・紙屋川町・上七軒・鳳瑞《ほうずい》町・二番町・五番町遊郭の各所が挙げられている。そして、西京村の神輿についてはさらに、「当時西京ノ神輿製作次第」という項目が別に設けられており、「略記」が書かれた明治三〇年段階における神輿の製作過程とともに、明治七年以前の近世における製作過程についても記述が見える。

「略記」からうかがわれる、明治七年以前の西京村の瑞饋神輿の製作過程について見てみよう。西京村の瑞饋神輿は「四方形」で屋根には千木《ちぎ》がついていたとある(現在の瑞饋神輿も同じ形状である)。陰暦八月一五日の夜から神輿の製作を始め、九月一日に、神輿の屋根葺きに用いるための「芋苗英」を畑で収穫し、翌二日まで徹夜で神輿の屋根葺きを行っていたことがわかる。そして三日には、神輿が西京御旅所の「幄舎《あくしゃ》」に据えられるとともに、その周囲には幕が張られ、神輿の前には酒・餅が供えられた。さらにこの日の夜には、西京の各町の「年寄」が「二ツ成ノ高張提灯」を捧げて神輿を参拝するきまりであったという。

翌四日に神輿は巡行となるが、まず「白張」を身に着けた者一人が榊を捧げ、そのあとに

「白張」を身に着け太鼓を担う者が二人続き、そのあとに錺剣鉾《かざりけんぼこ》、そして瑞饋神輿という順番で巡行することとなっている。その瑞饋神輿の「舁キ出シ」は、各所とも午後三時頃であったとの注記も見える。翌五日午後、瑞饋神輿は西京北町にある集会所に戻り、解体された神輿の飾りは西京の各町や祭礼費用を寄付した人に分配したという。

その集会所は、現在も「西之京瑞饋神輿保存会集会所」として西京北町にあり、毎年九月一日から一か月の間、ここで瑞饋神輿の製作を行うことになっている（第七章参照）。「略記」によると、もともと瑞饋神輿は、慶長一二年（一六〇七）に「創造」されてのち、文政年間（一八一八〜一八三一）までは、二保御供所に神人や各町の住人が皆で集まって身を清めつつ製作していたという。しかし、文政年間に北町に集会所と神輿庫が新築されて以降は、西京の住民が集まるには集会所が狭いために、各町ごとに集まって受け持ちの部分をつくり、九月二日にそれぞれが製作したものを集会所に持ち寄って、それを組み立てて神輿を完成させたという。

現在の集会所は、大正五年（一九一六）に七番町の光清寺から移築されたものであるという（西之京瑞饋神輿保存会顧問佐伯昌和氏のご教示による）。また集会所のすぐ南側には、現在も神輿などをおさめる蔵があるが、この蔵は大正九年（一九二〇）に建てられたものであることが棟木《むなぎ》に書かれている文字から明らかである。文政年間に蔵が建てられたのち、同じ場所に再建されたものが現在の蔵であると考えられる。現在は、九月上旬から中旬に、西之京瑞饋神輿保存会の会員全員が集会所に集まって、瑞饋神輿の製作に励んでいる。

次に、西京村以外の各所の様子について見てみると、いずれも西京村よりも簡略な情報ながら、興味深い記述が散見される。大将軍村の瑞饋神輿については、「六方形」で屋根には鳳《おおとり》がついていたといい、九月三日から一条通ぞいの大将軍八神社の拝殿に神輿が据えられ、四日午後に安楽寺天満宮→西京御旅所→北野天満宮の順に巡行したことが見えている。先にふれた一八世紀初頭の『宮仕記録』に、大将軍村の鉾等が北野天満宮に参った記事が見られることと符合する。

そして紙屋川町の瑞饋神輿も、大将軍村の神輿と同じ「六方形」で屋根に鳳がつくという形状で、上七軒については「六方小形」で屋根に鳳のついた神輿であった。鳳瑞町の神輿は、「四方小形」で屋根に千木がつくという形状で、九月三日に町内の路上に「幄舎」を設けて据えられることになっていたが、文政年間に廃絶した。同じく二番町の神輿も、「六方小形」で屋根に鳳がつく形状の神輿で、三日に町内の路上に「幄舎」を設けて据えられることになっていたが、文久年間(一八六一〜一八六四)にやはり廃絶したという。一方、五番町遊郭では、いつ始まったのかは不明であるものの、瑞饋神輿の製法を用いて「御羽車《おはぐるま》」をつくって、三日に町内の路上に「幄舎」を設けて据え、四日には芸妓たちがその「御羽車」を引いて練り歩き北野天満宮に参拝したが、四、五年で廃止となったという。その後「六方小形」で屋根に鳳のついた形状の神輿を新たにつくるようになったものの、その神輿も嘉永年間(一八四八〜一八五五)に廃絶したことが見えている。

以上の「略記」の記述をふまえるならば、近世には遊郭を含む各所で、瑞饋神輿が製作され、それぞれの地域の神社や路上などに据えられ、参拝の対象となったことがわかる。一方、その一部は一九世紀半ばまでに廃絶していることもわかり、神輿製作を維持し続けることがなかなかに難しかった様子がうかがえる。

そして「略記」がたびたび、「明治七年以前」という言葉で近世の瑞饋神輿の様相についてふれていることからも明らかなように、近世を通じ瑞饋神輿の製作を維持し続けることができた西京をはじめとする各所も、明治のはじめに、大きな転機を迎えることになる。その転機は、瑞饋神輿のみならず、西京や西京神人のありようそのものを大きく揺り動かすこととなった。西京および西京神人がどのようにして近代化の波をくぐりぬけていくことになるのか、次章で検討していくことにしたい。

第七章　神仏分離を越えて——近代から現代へ

神仏分離と御供所

近世を通じて西京神人として結束を維持し、神職化しながら瑞饋神輿を開花させていった神人たちは、近代以降、どのような歴史をたどることになるのだろうか。

先述したように、近世までの北野天満宮は、比叡山延暦寺と本末関係を結ぶ神仏習合の神社であり、トップの別当職には中世以来天台門跡の曼殊院門跡が就いていた。しかし明治新政府が推進した神仏分離政策により、北野天満宮は変質を余儀なくされることになる。

慶応四年（一八六八）三月一七日、別当職曼殊院の寺務政所が廃止されるとともに、社家松梅院・徳勝院・妙蔵院の社僧（祠官《しかん》）三家や、目代、宮仕が皆「復飾《ふくしょく》」つまりは還俗《げんぞく》することとなった。北野天満宮内にあった仏教関係の図像や堂舎は、破壊されたり売却されたりしている。なお、当該期に確認される「七保」の「社人」として、神部氏五家、川井氏四家、中氏四家、吉積氏三家、橋本氏、本郷氏五家、竹田・夜野氏二家、桐《（木）》本氏があげられている（鷲尾順敬「北野神社神仏分離調査報告」）。

七保の神人たちが守ってきた御供所は、神仏分離令により寺号を廃止されてしまい、明治六年（一八七三）には、北野天満宮の願い出により天満宮に「合祭」されることになる。先にも紹介したように、このとき天満宮が教部省に宛てて作成した願書には、天満宮の「境外」に往古から「七保」と称する地があり「七箇所之神供所」があったが、「中古」に二か所が廃絶し、残った五か所のうち四か所も荒廃して「一之保」の御供所のみがかろうじて神供所としての体裁を保っていると記されている。そのうえで、これまでは一保御供所で神人たちが「祭日ノ神供等」を調進してきたが、神仏分離政策のもとでそれもかなわなくなり、北野天満宮が神供所を支配することとなったこと、今後は天満宮内の神供所で神供を調進すればよいので、「合祭」したいとしている。こうした経緯から、明治期のはじめに、神人は神職として活動する場と機会を失うことになった。

上地となった御供所の、明治六年当時の状況とその後の状況については、川井銀之助氏の「北野天満宮と七保御供所攷」に詳しい。まず、神供所としての体裁を唯一保っていたとされている一保御供所安楽寺についてみていこう。もともと西京では七つの保ごとに神役の奉仕をしていたところ、近世になって西京神人の勢力が衰退したために、宝永三年（一七〇六）以降、七保の神人がすべて一保御供所の安楽寺に集まって「共同神饌」を調進するようになっていたという。すなわち西京神人にとって安楽寺は、七つの御供所の中でもとりわけ重要な御供所であった。

近世末期の文政四年(一八二一)には、一保御供所の神殿を再建して、応仁年間(一四六七〜一四六九)以降仮殿に安置されていたという神像を遷座したのを機に、「一保天満宮」あるいは「安楽寺天満宮」として崇めるようになった。さらに嘉永五年(一八五二)の万灯祭(道真没後二五年ごとに行う行事。五〇年に一度大万灯を行い、大万灯から二五年たつと半万灯を行う)の折には、門前の竹林や下立売通《しもだちうりどおり》の民家を取り払って参道を新たに開き、紙屋川の水を引いて神苑を築いて「古今未曽有の聖地」にしたという。

しかし明治六年の上地により、安楽寺天満宮は北野天満宮の境内末社「一之保神社」となった。上地となる前の安楽寺の敷地には、本社の天満宮のほか、末社として白太夫社・福部社・稲荷(大野)社・猿田彦社、御霊社(神人の祖霊を祀るための社)があったほか、地蔵堂もあり、本尊の地蔵菩薩のほか、不動石(第四章参照)を安置していたという。そして宝物として、枕箱《まくらばこ》観世音、木彫りの「鳴郭公」があったほか、境内には鶯宿梅《おうしゅくばい》もあったという。しかし上地となり、境内地は明治八年に選佛寺の所有するところとなったほか、本社と末社は北野天満宮に遷座された。また、地蔵尊はすでに明治二年の段階で川井家で保管することとなっており、最初は正覚寺《しょうかくじ》に、ついで弘誓寺に安置されることとなった。

次に二保御供所の東光寺についてみてみると、もともと境内には伊勢神宮の外宮・内宮の小社があり、土蔵には薬師如来の木像と脇士十二神将が安置されていたという。上地となったのち、明治八年に境内は民有地となったが、薬師如来と十二神将は川井家に保存され、その後は安楽寺にあった地蔵尊とともに弘誓寺に遷されることとなっている。また三保御供所の長宝寺は、木像の十一面観世音を安置していたが、観世音は明治二年に近隣の成願寺（七保御供所とは別）に遷され、境内は明治八年に民有地となったという。

さらに四保御供所の新長谷寺には、もともと菅原道真の自作の枕箱観世音が安置されていたが、元文五年（一七四〇）に建物を取り壊した際に一保御供所安楽寺に遷座され、その後、神宝として北野天満宮の保管するところとなった。そして観世音の「御前立《まえだち》」であった十一面千手《せんじゅ》観世音については川井家で保存し、その後弘誓寺に安置されることとなったという。

一方、六保御供所の阿弥陀寺には、阿弥陀仏が安置されていたが、すでに寛保《かんぽう》三年（一七四三）には寺号も仏像も敷地も他に譲られ、御供所としての機能は失われていた。そして七保御供所の成願寺には、十一面観世音が安置されていたものの、すでに近世初頭の元和二年（一六一六）に寺号とともに他に譲られたという。観世音については西京の浄土宗西蓮寺に、また寺号は法華宗の僧に譲られ、三井家の菩提所《ぼだいしょ》となったという。これとは別に、境内に天満宮を祭祀していたといい、御霊代《みたましろ》については明治六年の上地の際に北野天満宮に納め、神殿と拝殿についてては、西京御旅所に移築され、境内地については明治一二年(一八七九)に民有地となっている。

以上のように、御供所が上地となったため、明治六年以降は、西京神人が祭日の折に北野天満宮に納める神供の調進は、北野天満宮内の神供所を借用して調進するようになったという。

それでは、上地によって神人の身分そのものはどのように変化したのであろうか。神人川井家に伝わった『偲び草』(一九四一年に、川井菊太郎氏の一三回忌にあたって編まれたもの)から、川井家の場合を例にみてみよう。

慶応三年(一八六七)に生まれ、明治七年(一八七四)に当主となった菊太郎氏の場合、「本貫族籍」は「京都府士族」とされ、「旧藩」は「北野神社旧神官」とされている。小学校を卒業したのち、「(伊勢)神宮大宮司」冷泉為紀《ためもと》のもとで国学を修めたといい、明治二六年(一八九三)には、葛野《かどの》郡朱雀野村字西京区会議員に当選している。その後明治三一年には、朱雀野村村会議員に当選し、以後、区議会議員に戻ったり、ふたたび村会議員になったりしながら、明治三八年(一九〇五)には陵墓守長となったため、議員職を辞退している。したがって、明治期には士族という扱いを受けつつ、いわば地域の名士として活躍していた様子がうかがえる。

この『偲び草』に、「故川井菊太郎君を語る」と題する文章を寄せている北野天満宮宮司の山田新一郎は、明治初年の御供所の上地について、とくに一保御供所であった安楽寺の上地に西京神人たちが猛反対したこと、明治二九年になって、菊太郎氏が一保御供所跡の一部の土地を購入の上、再び境内としての体裁を整えたとしている。また、「西ノ京の社人は元来が土着者であつたので、明治の改革の為に各家離散せず、従つて往昔以来の社人の団体は急に壊崩しなかつた」と述べており、明治期以後もなお神人の結束が維持され続けていたとしている。

瑞饋祭の中絶と復興

次に、近代の瑞饋祭の様相についてみていくことにしたい。先にふれた明治三〇年(一八九七)成立の「略記」が、「明治七年以前」とそれ以後との情報を書き分けていたことからも明らかなように、瑞饋祭は明治八年(一八七五)にいったん中絶してしまう。中絶へと至る経緯について「略記」は、明治六年に安楽寺天満宮が上地され、北野天満宮に「一之保神社」として遷宮となったのち、明治七年九月(陰暦)の瑞饋祭の折には、新たに神輿に「御霊代」を遷すための「御座《ござ》」を設け、三日に北野天満宮の氏子地域を巡行して安楽寺に戻ったという。しかし、こうした方式の祭礼はこの年限りで、明治八年には神輿の製作が中止された、と書かれている。

その一方、戦時中の昭和一八年（一九四三）から翌年にかけてまとめられたものと思われる、小川文子・金井秀子・藤山喜美子「瑞饋祭」によれば、この明治八年に、「北野祭」が復興したという。この復興は、当時の北野天満宮の宮司であった「西江宮司」から教部省の教部大輔《たいふ》に申請をし、許可されたことによって実現されたものであった。その際、宮司は、「唯名だけの神輿で神霊を奉請する価値のあるものでな」い神輿の巡行する「私祭」の瑞饋祭は「今や文明開化の秋《とき》にあ」るため廃止し、「醇然《じゅんぜん》たる神幸の古典を再考《（ママ）》したい」と述べたうえで、「氏子の敬心の真心をも組み入れて」「八月四日の官祭をさけて改めて十月一日北野神社から西ノ京村の御旅所へ神幸し、同四日本社へ還幸する私祭に変更したい」と陳述したという。

　このように名ばかりの神輿が巡行することを理由として瑞饋祭は廃止となったが、「瑞饋祭」によれば、その後も西京の人々はその復興を望み続け、明治一五年（一八八二）には、西京の有志で当時の北野天満宮宮司田中尚房氏に、瑞饋神輿を北野祭の後列に加えてもらうよう懇請したという。このときには、「古典を再興した目出度い大祭に仮令《たとい》列外と雖も不都合なり」という理由で、許可されなかったものの、明治二三年（一八九〇）に至ってようやく同意を得ることができ、瑞饋神輿の再興となる。そしてその翌年には、大将軍村の端饋神輿も再興している（『大将軍神像と社史』）。

再興成った西京村の神輿製作と祭礼の様子について、「略記」からまとめてみよう。

まず、新暦九月一五日の夜から神輿の製作に着手していることがわかる。その際、町ごとに集まって各町に割り当てられた作業を行ったうえで、一〇月二日に集会所で神輿の組み立てを行っていることもわかる。その前日の一日には神輿の屋根葺きに用いる「ずいき(芋苗茎)」を採りに畑へ出るが、その際、赤ずいきは約九〇本、白ずいき(青ずいきともいう)は約一九〇本採ることになっていたという。現在、瑞饋神輿の屋根は、白ずいきの上に赤ずいきを重ねて葺いていく、二層の屋根になっているが、明治二三年の再興時においても同様であったことがわかる。

二つのずいきのうち、赤ずいきは、「唐《とう》の芋」の茎の部分にあたり、根には親芋(頭芋《かしらいも》)と高級で粘りのある海老芋がなる。また白ずいきは、「真芋《まいも》」の茎の部分にあたり、根には親芋(頭芋)と子芋(里芋)がなる。親芋に多くの子芋がつき、子芋にさらに孫芋がつき、孫芋にもまたさらに……という形状によって、ずいきは古くからめでたいものとして珍重されてきたという。

さて、「略記」の内容に戻ろう。一〇月三日には、西京御旅所に仮屋が設けられ、そこに瑞饋神輿が安置されるとともに、餅や酒が供えられている。そして四日には、神輿の巡行となるが、巡行が夜まで続く場合には、神輿の周囲に「木匡《かまち》」を設け、多数の提灯に灯をともすほか、

明治36年の瑞饋神輿

神輿の前後にも多数の高張提灯を捧げた。翌五日には、集会所に神輿が戻って解体され、その飾りが西京の各町や祭礼費用を寄付した人に分配されている。

瑞饋神輿の再興について、「略記」にはさらに興味深い記述がある。すなわち、明治二三年の再興当時、西京の「古老」に神輿の装飾について、中絶以前と現在と、どちらが「精巧」であるかと尋ねたところ、「無論以前ニシテ、本年ノ如キ粗作ニテハ遥ニ劣レリ」と評したという。再興前の瑞饋神輿の方が「精巧」であり、再興された瑞饋神輿は「粗作」であるというのは、なかなか厳しい評価である。

こうした「古老」の言葉に対し、「略記」を書いた川井菊太郎氏は、その後毎年瑞饋神輿を拝観したところ、装飾は依然として粗く、欄間《らんま》や桂馬《けいま》は粗略で、人形細工についても、デザインが高尚なものではなく、神輿をまるで祭礼の余興・「翫弄《がんろう》物」のように扱っており、瑞饋祭の趣旨をくんでいないのは問題であるとしている。そして、そうなってしまうのも、製作者をはじめとする関係者の多くが神輿の由緒を知らず、神輿をつくる目的を誤解しているからであるとし、それゆえに「略記」を記したとしている。

このように、地域の古老や神人家などから、厳しい評価もあった瑞饋神輿の再興ではあるが、現在に至るまで製作が続けられていることをふまえるならば、再興されたことの意義はやはり大きい。再興にあたり、西京においては基本的に近世期と変わらぬ場と方法で瑞饋神輿が製作されていることも、「略記」から明らかである。すなわち一六年間にわたって再興を願い続けた西京の人々は、近世から明治七年まで製作されてきた神輿の製作方法を忠実に踏襲しようとしていたといえ、「粗い」と評価されながらも歴史の継承にいそしんだのである。

安楽寺天満宮の復興

先述したように、近世まで西京にあった七保の御供所は、明治六年（一八七三）の上地によってすべて廃絶されることとなった。しかしその後、ただ一つ、一保御供所の安楽寺天満宮のみは、紆余《うよ》曲折を経ながらふたたび神人家によって守られるようになり、現在は、北野天満宮が管理し、一般社団法人安楽寺天満宮保存会とともに保存するところとなっている。その経緯について見ていこう。

明治八年、安楽寺天満宮の境内地は民間に払い下げられることになり、その一部は境内地に

瑞饋神輿（2019 年）

隣接する選佛寺が購入し、所有することとなった。選佛寺の所有となった旧安楽寺境内地の一画には、明治三四年（一九〇一）に「天満宮旧跡碑」が建てられたが、同寺所蔵の奉加帳から、当時の住職の山本文明氏を発起人として篤志者を募り、七年ほどの歳月をかけてつくられたものであることがわかる。さらにその五年後の明治三九年には、「一之保神社」が祀られ、その西側に不動石が置かれることになった。そして昭和一六年（一九四一）に、西京神人家の川井家の当主銀之助氏が、川井家所有の畑を選佛寺と等価交換することによって、一之保神社の地は再び神人の所有・管理する地となったのである。

一方、現在、瑞饋神輿の製作の場となっている、西之京瑞饋神輿保存会集会所（第六章参照）が所在する地もまた、もとは明治八年に選佛寺の所有となった地であった。すなわち昭和八年（一九三三）に、西之京瑞饋神輿保存会の前身である西ノ京青年団がこの地を選佛寺から借り受け、現在に至っている。さらにその集会所の南隣りの、蔵が建っている場所も、もとは安楽寺の境内地であったところ、明治二二年（一八八九）に西京村の所有となり、現在は西之京瑞饋神輿保存会が管理する土地となっている（西之京瑞饋神輿保存会顧問佐伯昌和氏のご教示による）。

以上の経緯から、上地によって境内地が民間に払い下げとなった後も、所有者となった選佛寺の理解や、神人家や瑞饋神輿の製作に携わる住人たちの努力によって、安楽寺天満宮はかろうじて地域の祭祀の拠点であり続けることができた。

（上）保存会集会所
（下）神輿づくりの様子（2019年）

七保会の成立

一方、明治四〇年（一九〇七）三月には、西京神人家によって「七保会」が結成され、現在に至るまで、毎年二月二五日に「梅花の御供」が、一〇月三日に「甲の御供」が献饌されている。現在、「梅花の御供」の香立（第六章参照）を準備する際に、七保会の方々が参照している香立の説明文書には、「明治四十年二月再行（ママ）／四十一年二月此形整ス／七保会」と書かれている。ここから、明治四〇年の梅花の御供づくりを通じて「七保会」の結成が企図されたものと推察される。

川井家に所蔵されていた明治四〇年三月作成の「規約」には、本郷・中・吉積・桐木・夜野・竹田・神部・川井・橋本・緒方姓の三一名の署判があり、「北野天満宮旧社人及其同姓血族」によって組織するものであることや、任期を一年とする正年番・副年番・勘定方の役員をそれぞれ一名ずつ置くことなどが、九か条にわたり定められている。注目されるのは、三か条目に、次のような文言が見られることである（原文の片仮名を平仮名に改めてある）。

一、会員は歴然たる正統の家系を有し、其祖先は度々戦場に死生を倶《とも》にし、具《つぶ》さに武士道の本義を尽くせり、従て平素の昵懇《じっこん》親近水魚も啻《ただ》ならざりしも、維新後止むなく離散して以来、久しく疎遠冷情又昔日の片影なきを遺憾とし、今般同志集合して祖先の本意を子孫永遠に持ち奉りし、以て洪大なる旧主神恩の万分に酬ひ奉らんことを期す。

この条文のはじめにある、祖先がたびたび戦場に赴いて生死を共にしたとあるのは、甲の御供につながる戦国期の神人の歴史や、さらには文安の麹騒動の歴史をさしているものと考えられる。こうした歴史が、明治維新から四〇年ほどたって「同志」として結束するに際し、確認されていること、すなわち中世の神人の歴史が近代においてもなお生きた歴史として神人の共同体の存続に重要な意味を持っていたことがわかる。

こうして成立した七保会の会員によって、大正一四年（一九二五）から書き起こされ、現代に至るまで書き継がれている「日誌」がある（七保会の宰領《さいりょう》吉積徹氏のご厚情により翻刻文を閲覧させていただいた）。「日誌」の始まりは、大正一四年二月二四日、すなわち「梅花の御供」の準備の日からで、その日に行ったことの内容が簡潔に記されたのち、御供づくりに参加した神人家の方々の名前が書きあげられている。現在は、午後一二時半ころ北野天満宮に参集し、一時から御供づくりを始め、夜七時ごろに終了しているが、この大正一四年には、午前九時に参集して御供づくりを行い、午後五時に終了していることがわかる。

参集者の名字は、本郷・中・川井・神部・緒方・竹田・夜野・桐木で、いずれも中世から近世にかけて西京神人の名字として見える家々である（第五章表参照）。翌二五日の神事についても記録されており、この日の神事の様子が簡潔に記されたのち、参列者の名前が記されている。

七保会の「日誌」

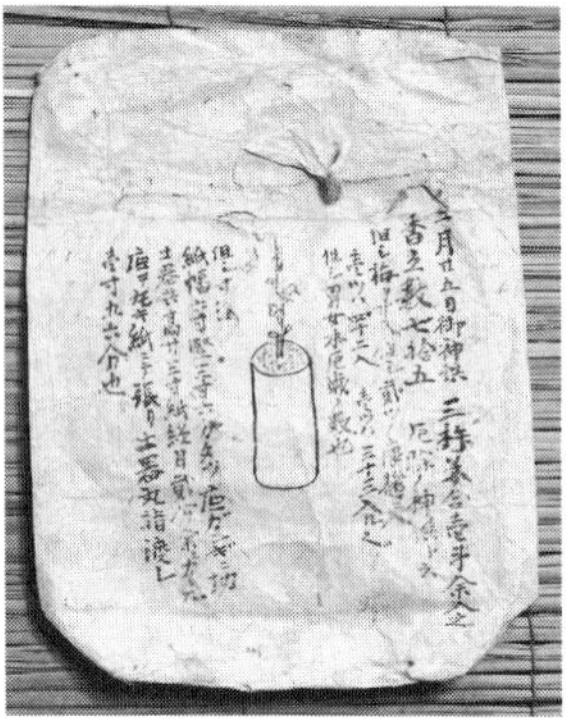

香立の説明文書

神事は、午前一一時から執行されたとあり、現在よりも一時間ほど遅い時間に執行されていたことがわかる。

これ以降の記事を見ていくと、会員の葬儀や病気に関する記事などのほかは、おおむね毎年の「梅花の御供」と「甲の御供」の様子や集められた会費、参加者の情報を簡潔に記した記事が続いている。ただし万灯祭の年にあたっていた昭和三年（一九二八）の記事は詳細で、この年四月二二日から五月一二日まで、菅原道真没後一〇二五年の「大祭式」を行ったとしてその次第が書き連ねられている。万灯祭にはとりわけ多くの参詣者が北野天満宮に集まるためか、このとき、宮司から七保会に、宝物殿の陳列品の「見張監督」を依頼されていることも「日誌」から確かめられ、毎日誰が勤番したか、勤番者の書きこみも見られる。

またこの年五月二五日には、安楽寺天満宮に七保会の

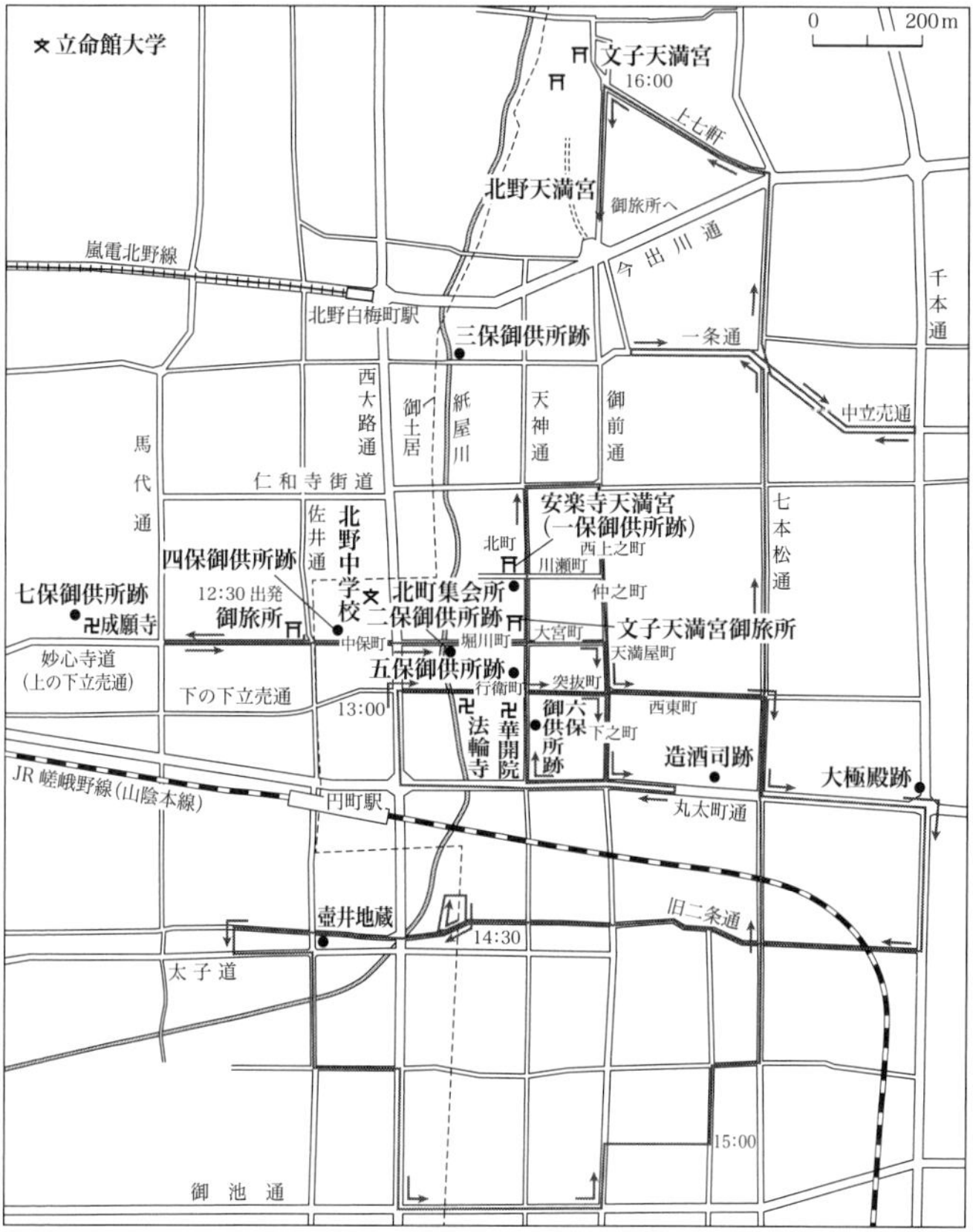

現在の瑞饋神輿のルート

会員が「粢《しとぎ》ノ御供」を献饌したことが見えており、今後毎年三月二二日にこの御供を献饌していくことが取り決められている。近代においてもなお、安楽寺天満宮が、西京神人家にとって重要な祭祀の場であり続けていたことが明らかになる点で注目される。

粢の御供の内容については、翌昭和五年(一九三〇)の「日誌」記事から、小判形のうるち糯《もち》と果物・菓子・酒・米であったことがわかる。さらに八月二三日条には、中保町の弘誓寺で地蔵盆の祭があり、七保会を代表して川井菊太郎氏の代理人が参拝したことが見えている。この地蔵盆の祭もこの年以降年中行事化しており、同じく昭和五年の「日誌」記事から、このとき鏡餅が供えられたことが明らかとなり、万灯祭のあった昭和三年を契機として、七保会の年中行事がより整備されていった様子がうかがえる。

その一方、昭和七年(一九三二)の梅花祭について記した「日誌」の記事に、「カワラケ屋、伏見区黒門町　商号　丹嘉《たんか》」と見えるのは興味深い。梅花の御供の香立に用いるカワラケは、現在も伏見人形の窯元として知られる「丹嘉」から七保会に奉納されているが、少なくとも昭和初年には奉納されていたことがわかる。

その後昭和一一年(一九三六)になると、三月八日に北野天満宮の社務所で「維持方法の協議のため」の会合の場が持たれている。これは二月二五日の梅花の御供の献饌終了後に、「緊急動議」があったためで、午後一時から六時まで、五時間にわたり協議されている。協議の内容は、梅花の御供と甲の御供を現在より盛り上げていくため、今後は七保会の会員のほか、新たに「賛助員」を募り発展させてはどうかというものだった。その後昭和一三年にも話し合いの場がもたれ、「七保会の現状にては到底維持困難」であるとして、「七保会員の結束を堅め」つつ、新たに「賛助会員」を募って発展させようということで意見が一致している。しかし、どのような方法で賛助会員を募るかという点では意見が一致しなかったために、再度話し合うことにして散会となっている。この年の梅花祭の様子を見ると、二月二四日の御供づくりに参加しているのは八名であり、翌二五日の御供献饌に参加しているのは五名となっている。いずれも昭和初年までの状況からはほぼ半減しており、次第に神事に関与する会員の数が減少していることがわかる。

こうした神事参加者数の減少の理由については、翌昭和一四年の「日誌」に「近年会員の熱意薄らぎ七保会不振」と見えることから、会員の熱意の低下があったと考えられる。「日誌」により、昭和一四年当時、会員は、神部・本郷・川井・夜野・中姓の者二三人から成っていたことが明らかとなるが、前年までの神事への参加者状況を見る限り、そのすべてが神事に関与していたわけではなかった。また昭和初年まで確認された、緒方・竹田・桐木姓の神人も、この頃には確認できなくなっており（ただし竹田・桐木姓の神人家は戦後ふたたび確認される）、七保会を構成する神人の家も減少していた様子がうかがえる。

こうしたことから、昭和一四年二月一六日に、ふたたび七保会の今後についての話し合いの場がもたれ、「同姓の縁故ある家」を勧誘して入会させることや、「特別の縁故ある篤志家」を「協賛員」として入会させることなどが取り決められている。その結果、この年の梅花の御供づくりには一一名の会員が参加し、御供献饌には一三名の会員が出席しており、翌昭和一五年もほぼ同規模の参加者数となった。

このように、近代になって以降も、七保会の結成によって中世から続く西京神人家による神饌奉納の歴史は存続していった。しかし結成してから三〇年がたとうとしていた昭和一〇年代には、神事への参加者の減少、さらには神人家の減少など、その活動は危機的な状況にあった。そのようななか、会合を重ねながら会員の結束を強化していくことで、ふたたび神事に参加する会員の数を増やすことができたのである。昭和三年の万灯祭を契機に、組織の整備や新たな神事の年中行事化が進展しつつも、会員数と活動の規模を維持していくことは決して容易でなかったことがわかる。

神事参加者数が増え、「協賛員」をも募ることで活動をより活発化させる気運を高めつつあった七保会であったが、昭和一五年の梅花の御供の記事のあと、しばらく記録は途絶え、昭和二三年(一九四八)になってようやく再開されている。これは昭和一六年に太平洋戦争が始まった影響によるものと考えられ、「日誌」上部に、「北野祭礼は昭和十九年中止、昭和二十二年再興、御供の奉饌は、祭礼中止と成《なる》も年々怠らず」との注記が見えている。戦争によってこれまでどおりには年中行事を行えない状況であっても、御供づくりとその献饌は独自に細々と続けられていた様子がうかがえる。

くしくも、昭和二三年から再開された「日誌」の記録者は、すでに本書に何度か登場している川井銀之助氏である。川井氏は、記録を再開するにあたり、「日誌」の中断されていた戦中・戦後の状況について、神人家の心身の疲労は甚だしく、物資の欠乏も深刻な状況のなか、梅花の御供も甲の御供も思うように準備することはかなわず苦慮したと記している。そのうえで、「今より後再び努力して記載の任に当たる。予等一同は申すに及ばず、家族の責任重且つ大なり」と述べながら、二月二四日の梅花の御供づくりの様子から書き起こしている。吉積・中・神部・川井姓の神人七名が、神人家と神社との「寄せ米」によって、大飯・小飯と香立を用意している。

この年一〇月の甲の御供について記した箇所では、戦争中、米の配給が不足していたため、五升の糯米で三台の御供をつくるべきところ、糯米二升にうるち米一升をまぜて二台の御供をつくっていたこと、この年も未だ米が不足している状況のため、糯米二升で一台の御供をつくったことが見えている。

米不足により神饌づくりに苦慮する状況はその後も続き、昭和二六年には、北野天満宮の遷宮にともない、仮殿(一夜松社内)で御供の献饌を行うこととなり、その様子が参詣者からよく見える状況となるため、梅花の御供の大飯・小飯を戦前のようにせめて外見だけでも立派に見せたいと、新たな型を作成している。すなわち、本来は四斗の米が必要であったところ、一斗五升五合(翌年には一斗七升)の米で間に合うよう、型の形を調整したのである。

その一方、昭和二三年五月には、「祭典の民主化」によって神社の祭式や行事作法の改革があったといい、これを受けて翌年以降、梅花の御供と甲の御供の献饌に際し、北野天満宮宮司による祝詞ののち、神人家も「祈願詞」を述べることを企図している。そして実際に、翌年の梅花の御供の折には、川井銀之助氏が「祭詞」を奏上しており、今に続く、梅花の御供と甲の御供の折の七保会宰領による祝詞の奏上が戦後直後から始まっていることがわかる。さらに昭和二六年の梅花の御供献饌から、参列者の中に神人家の女性の名も見え始め、神饌づくりは男性が担い続けつつも、神事には女性も参列することが可能となっている様子もうかがえる。

以後、「日誌」の記載は、七保会の活動のいっそうの活発化と神人の家の存続、そして神饌づくりの継承を意図してか、より詳細となっていき、今に至るまで、三冊にわたる「日誌」が書き継がれている。

以上、本章では近代から現代にかけての西京および西京神人家の歴史をたどってきた。新たな国家の創出にともなう「神人」身分の消滅と「御供所」の消滅、瑞饋祭の廃止、と、次々に苦難がふりかかった明治期の神人家であったが、それでもなお西京の住人たちとともに瑞饋神輿を復興し、「七保会」を結成して、中世から続く共同体を守り続けた。その後も、アジア・太平洋戦争というさらなる苦難に見舞われながらも、御供献饌を存続し、今に至っている。

近代以降の神人の歴史は、存続の危機の連続といっても過言ではないが、その都度結束を固め、知恵をしぼり、決意を新たにしながら結び合ってきた。そのことは、「日誌」の内容のはしばしからうかがえるとともに、一〇〇年にわたって「日誌」を書き継ぐという行為そのものにもよく現れている。

おわりに

本書では、中世から現代に至るまでの、西京および西京神人の歴史をたどってきた。中世京都に成立する北野天満宮領西京を拠点に麴業を展開し、一時は京都における麴の製造・販売の独占権まで獲得していた西京神人は、特権喪失後もその特権の回復を望み、室町幕府政所伊勢氏、さらには将軍ともつながりながら、中世末期には商工業者でありながら「侍」身分としての性格も帯びていた。

その後麴業は衰退するものの、近世においては「町人」身分に位置付けられつつ、「神人職」として御供所を拠点に独自に祭祀を行うようになるとともに、瑞饋祭を発展させていく。そして近代には、「士族」となりながらも、神人職の身分はもとより御供所の所有も瑞饋祭の執行も、国家によって廃止・停止されてしまう。しかし明治期半ば以降、瑞饋神輿を再興し、さらに西ノ京七保会を結成し、瑞饋神輿の製作と「梅花の御供」「甲の御供」の献饌という現代に通じる西京神人・西京住人による祭祀行事の基礎を築いていく。

このような歴史の流れをみると、近世以降の西京神人の姿に、本来西京神人を「神人」たらしめるうえで重要であったはずの麹業者としての面影を見出すことは難しい。しかし本書で述べてきたように、梅花の御供も甲の御供も瑞饋神輿も、すべて中世の西京神人が納めてきた御供の歴史を継承したものである。かつては生業を守るため、武器をとって闘った神人たちは、その生業を守ることができなくなった時代においてもなお、御供をつくり祭礼を行い、家の繁栄、ひいては地域社会の繁栄を祈り続けてきた。そうした意味で、長きにわたる西京神人の共同体の歴史を支えてきたのは、生業でもなくましてや武器でもなく、西京という地に根差した天神信仰であったといえる。

そしてもう一つ、神人としての共同体を維持するうえで重要な役割を果たしたのが「先祖《おやたち》」、そして中世神人の歴史の共有であった。

もはや麹業は衰退してしまっていた近世以降においてもなお、西京神人たちは中世以来の権利文書――そこには麹業の独占権の獲得という輝かしい過去が刻まれている――を安楽寺天満宮に大事に保管し続けた。そしてそれらの文書が北野天満宮の所蔵となった近代以降も、新たに神人家自身で記録を編纂し、由緒を共有し続け、さらにはその由緒を祝詞化していった。たえず自らの集団の歴史を確認することによってその結束を強化し、共同体を存続させてきたのである。

西京神人が活躍し始めた中世京都には、第一章で述べたように、公家や寺社に組織された商工業者集団が多数存在していた。その多くは、中世においてすら存続することが難しく、彼らと麴室の経営をめぐって争った土倉・酒屋たちも、応仁の乱を契機に山門関係者ではない俗人の者へとメンバーが入れ替わるなど、浮き沈みが激しかった。商工業者集団間の競合が激しかったことに加え、商工業者集団を支配下におく権力が複数存在し、諸権力もまた相互に競合していたこと、応仁の乱を契機に商工業者集団の経営が不安定化する一方で新たな商工業者集団の流入とその組織化が活発化したことなどが、その理由として考えられる。

こうした状況のなか、西京神人のように中世を生きのび、近世以降も京都において活動を維持し続けた集団は稀有であるといえるだろう。

その一方、西京神人が存続していく過程において、ときに彼らに権利を与え、ときに彼らから権利を奪った政治権力もまた盛衰を繰り返してきた。すなわち西京神人に麴業の独占権を付与し、のち剝奪した室町幕府は滅びてしまい、その後成立した豊臣政権も江戸幕府も滅び、近代国家も戦争を経て民主主義国家へと大きく変質している。

絶大な権力をもつはずの、そのときどきの政権でさえも滅びていったなか、中世においては一商工業者集団にすぎなかった西京神人の共同体は、今日まで生きのびてきた。

中世から近世へ、近世から近代へ、近代から現代へ、長い長い時間をかけて歴史をつむぎ、継承してきた西京神人たち。彼らの歴史は、私たちに、為政者ばかりでなく民衆もまた歴史をつくり、継承した主体であるということ、この当たり前だけれども忘れがちな事実を、確かなものとして示してくれている。

＊＊＊

本書は、筆者がこれまで取り組んできた中世西京および西京神人に関する、文献史料に基づく研究と、フィールドワークの成果とをまとめたものである。もともと中世の都市民衆の歴史に関心を寄せて研究を始めた筆者が、「神人」身分の存在形態に関心を持つのは自然の成り行きであったが、西京そして西京神人の歴史研究、さらには地域調査に本格的に取り組むようになったきっかけは、偶然の重なりに拠っている。

その最初のきっかけについては、以前に、瑞饋神輿の魅力を伝えるために出版した『京都天神をまつる人びと—ずいきみこしと西之京—』(写真・西村豊、岩波書店、二〇一四年)の「あとがき」ですでにふれている。そこで述べたように、西京を歩き、住人の方々に教えられ、たどり着いた場所が神人の家の川井家だった。

ご当主の清人氏から家の由緒についてうかがううちに、遠い過去の存在、文献史料においてのみ現れる存在と思い込んでいた中世神人が現代につながる存在であることを知って驚き、研究を始めた。それは二〇〇三年九月のことで、当時は東京で研究生活を送っていた。その後二〇〇五年、不思議なめぐり合わせで西京にほど近い立命館大学に就職することが決まり、二〇一六年三月まで一一年の間、京都に在住して研究する幸運に恵まれた。

京都に在住するようになってから、折に触れて川井家を訪ねた。清人氏は、いつも快く家に招き入れてくださって、こちらの質問に丁寧に答えてくださった。しかしこちらが質問しないことについては、まったく話されなかったので、自分で調べては聞きに行って確認することの繰り返しだった。文献史料に基づき論文を書くことが歴史学の鉄則であるために、清人氏の語られる由緒や歴史と齟齬する内容を論文にまとめることはままあったが、出来上がったものを届けると、いつも喜んで受け取って熱心に読んでくださって、齟齬を責め立てるようなことは決してなかった。そして「〇〇に、よう気い付いたな」などとおっしゃって、こちらが発見したと思っていたことについてはとうにご存じだったということも、しばしばだった。

このように、聞かれたことしか答えないという姿勢を貫かれていた清人氏が、珍しく、氏の方からこちらにご提案くださったのが、西之京瑞饋神輿保存会による瑞饋神輿づくりの調査だった。二〇〇六年の夏のことである。せっかく京都にいて西京の歴史を研究するのであれば、ぜひとも調査するべきだ、と薦められた。西京の歴史研究を始めながらも、恥ずかしながら瑞饋神輿を見たことがなかったばかりか、中世史料に現れない神輿でもあったことからその存在に注意を向けたこともなかった。しかし、聞いたことしか話してくれない清人氏が、わざわざ薦めてくださる以上きっと大事な調査になるに違いないと思い、調査してみたいと返答したところ、早速、保存会会員の北野喜久氏に取り次いでくださった。

それから、西京のフィールドワークを本格的に始めることになった。数名の学生に手伝ってもらいながら、三〇名ほどにのぼる会員さんたちの夜なべ作業の様子を見学させてもらったり、神輿づくりの一端を実際に体験させてもらったりした。地域調査・フィールドワークの経験がまったくなかったために、その方法については入門書でにわか勉強しながらあとは実地で模索するという状況で、会員さんにご迷惑をおかけしては反省し……の繰り返しだった。失敗の多くは、調査以前の、人としてのマナーにかかわるものだった。それまで机上での研究ばかりしてきたために、人とかかわって研究をする、それも集団の中に入っていって調査をする、ということにまったく慣れていなかった。

なんとか慣れようとする一方で、時折、中世史研究を志す自分に、ここで得られるものはあるのだろうか、自分はいったいここで何をやっているんだろう、どうして清人氏は調査を薦めたんだろう……などと、今思えばあさはかな疑念も頭に浮かんだ。

そのようにして過ごした調査一年目のあるとき、瑞饋神輿に飾る人形細工の製作の様子を調査するため、会員個人のお宅にうかがう機会を得た。人形細工づくりは、会員全員で夜なべ作業をして行う神輿づくりとは別に、細工を担当する会員が各自の家で作業することになっていた。本書でもふれているように、神饌が神輿になることで成立した瑞饋神輿は、農作物や海産物など、すべて自然のものでつくられる。人形細工も同様に農作物や海産物でつくられるが、どのような人形細工を製作するかは個々の担当者に任されていた。

訪ねていったのは、河合治孝氏のお宅で、河合氏とは夜なべ作業の調査で毎日のように集会所で顔を合わせていたものの、それまで会話をしたことはなかった。そもそも個人の家にお邪魔してお話をうかがうという研究手法も未経験であったため、緊張しながら家に入ると、人形細工の製作場にあてられた一室へと案内された。そこには、木の枝やとうもろこしの皮、麦など、人形細工の素材とおぼしきものとともに、美術書や新聞の切り抜きなどが重ねて置かれていた。今年は俵屋宗達《たわらやそうたつ》の雲龍図《うんりゅうず》を再現した細工をつくるのだと言って、雲龍図の掲載された美術書を開いて見せてくれた。高いから古書店で入手した美術書だと言いながら、龍の身体を松笠で再現する予定であることや、雲を綿で表現するつもりであることなど、生き生きと語ってくださった。

やがて話は定年退職後に誘われて会員になったことや、歴史が好きなので、人形細工も歴史を意識させるテーマを常に考えていること、新聞に歴史にちなむ記事や人形細工づくりの参考になりそうな記事が出ると切り抜くようにしていることなどに及んでいった。神輿をつくることを通じて、この方も歴史を研究しているんだ……ということに気づき、引き込まれるように話を聞いた。途中で奥様の綾子氏が、お菓子とお茶を運んできてくださって、主人の姿が見えない、どこに行ったんだろうと家の中を探すと、いつも部屋の片隅で歴史の本を読んでいる、というお話をしてくださった。

話も尽きはじめたころ、製作場のかたすみに小さな本棚が置かれていることに気づき、思わず眺めると、恥ずかしそうに、「先生が読まへんような本ばっかりや。先生が読むような本は高くて手が出えへん」とおっしゃったので、あわてて目をそらした。

その本棚には、研究者が顔をしかめる、いわゆるトンデモ本といわれるような歴史の本がいくつか並んでいた。そのとき初めて、最新かつ良質の歴史研究の成果というものが、届くべき人に届いていない現実があるということに思い至った。研究書が一般に高価であることは、研究者をも苦しめているが、歴史研究の成果を切実に求めている人は研究者ばかりではないということ、そのことにそれまで思いをめぐらせたことはなかった。その一方、本棚には、トンデモ本をしのぐ量の新書もまた並んでいて、このこともまた強く印象にのこった。

おもむろに出されたお菓子に手を伸ばしてみると、それは保存会会員が営業している「かすてら鵜殿《うどの》」の「三笠《みかさ》」で、聞けばいつもよくそこでお菓子を買うのだという。祭礼のときばかりでなく、日常的に会員同士がつながっているのだということも、このとき初めて知った。同様に、家の電気が切れれば、会員の営む「きたのでんき」に頼めばすぐかけつけてくれて、とても助かるのだという話もしてくださった。地域の祭礼組織というものが地域においてどのような意味を持つのか、お話を聞くうちにだんだんとわかり始めてきた。

その後も集会所で河合氏とたびたび顔を合わせたが、変わらず黙々と作業をされるばかりで、歴史の話をされることはなかった。そのような姿を見るうちに、集まってきている会員一人一人が、さまざまな背景のもとで、地域の歴史に関するさまざまな思いや知識を持ち合わせながらこの場にいること、ふだんはそれを表に出すこともなくひたすら作業に打ち込んでいること、そうして祭礼が維持され存続しているのだということがおぼろげながらわかってきた。

いよいよ瑞饋祭が始まると、瑞饋神輿を見に来た大勢の人たちが河合氏のつくった雲龍図を仰ぎ見ていた。お神輿の前には、「北町住人」作とのみ表示が出ていた。細工づくりの様子を見せていただいた身として、誰がどのような思いでつくったものなのか語り出したい思いにかられた。芸術作品なのではなく、神輿の一部なのだから、名前が出ないのは当然なのだと頭ではわかりつつ、自分が常日頃身を置いている、誰の成果かが常に問われ注視されることが当たり前である社会と、ずいぶん異なる社会がそこにはあるように思われた。

しかしそもそもお神輿も祭も、「自分の」成果、「自分の」功績といった発想のもとでは成り立たないものであることは、自分のことを二の次に、配慮し合いながら注意深く夜なべ作業に励む会員さんたちの様子からも察せられた。自律的な共同体というものが持つ、結束の強さと表裏の関係にある、厳しいまでの自己抑制を目の当たりにして、中世の文献史料は決して饒舌には語ってくれないけれども、おそらく中世のさまざまな共同体も、このような厳しさのなかで維持されていたに違いないと考えるようになった。

また、個人の成果や功績を超越した世界で結び合う人たちが、自らつくり上げたお神輿を巡行させていくときの、誇り高く生き生きとした表情や、その様子を見ながら巡行するお神輿に祈りを捧げる地域の人々の姿を目にするうちに、連綿と続く地域の歴史をつくってきたのは地域社会に生きる一人一人の人間なのだ、という当たり前の事実にも思い至るようになった。そして本来、誰もが歴史をつくる担い手であること、自分自身ですらも歴史をつくる主体なのだということを、自覚するようになった。

以後、毎年瑞饋神輿の製作を調査させていただくこととなり、二〇〇九年からは、立命館大学の授業と一体化したため、毎年二〜五名ほどの学生を引き連れての調査となった。さらに二〇一三年からは、再び川井清人氏のご紹介により、七保会の梅花の御供づくりや甲の御供づくりの調査をさせていただくようになった。そして二〇一六年、職場が東京大学に変わり、京都の地を離れてからも、保存会・七保会のご厚意により、調査を続けさせていただいている。

先にふれた『京都　天神をまつる人びと』を出版してから本書をまとめるまでに、すでに八年が経過しようとしているが、このかんに、川井清人氏、河合治孝氏をはじめ、調査でお世話になった方々の何人かは鬼籍に入られた。連綿と続く西京および西京神人の歴史にあって、七保会も西之京瑞饋神輿保存会も、会員の高齢化をはじめ次世代への継承に向けたさまざまな課題と向き合いながら活動を続けている現状にある。

加えて二〇二〇年に始まる新型コロナウイルスの感染拡大によって、瑞饋神輿は製作されながらも巡行は中止となるなど、祭礼・神事の執行にもさまざまな影響が及んでいる。新型コロナウイルスの一日も早い収束を願うとともに、これまでにも数々の苦難を乗り越えてきた西京神人家および西京住人の歴史が、今後いっそう発展していくことを心から願っている。

最後に、本書をまとめるにあたって、七保会宰領の吉積徹氏、同会員の神部正三氏と奥様の朝子氏、西之京瑞饋神輿保存会顧問の佐伯昌和氏、西之京瑞饋神輿保存会会長の荒田匡氏と御子息の雄市氏に、大変お世話になった。いずれの方にも、原稿にお目通しいただいたうえで、さまざまなご指摘・ご教示を賜った。感謝申し上げる。

とくに吉積氏からは、「日誌」や七保会の規約についてご教示いただくなど、近代以降の神人の歴史をつづるうえで参考となる情報を多く寄せていただいた。また佐伯氏からも、近代以降の西京および安楽寺天満宮の歴史にかかわる情報をお寄せいただいたほか、こちらが見落としてしまっていた参考文献についてご教示いただいた。

このほか、西之京瑞饋神輿保存会会員で選佛寺ご住職の木原萌氏には、選佛寺所蔵史料の貸出・閲覧の機会を与えていただいた。そして調査の折にさまざまなご教示を賜った七保会会員の皆様、西之京瑞饋神輿保存会会員の皆様にも、改めて御礼の言葉を申し述べたい。

川井家に所蔵されていた口絵の看板や酒壺、秤は、本書で引用させていただいた史料とともに、現在京都府立京都学・歴彩館に収蔵されている。その収蔵の過程においては、京都大学名誉教授の藤井譲治先生・京都大学総合博物館教授の岩﨑奈緒子先生に大変お世話になった。感謝申し上げる。

そして、『京都　天神をまつる人びと』を共に出版させていただいた写真家の西村豊先生には、本書の口絵と本文掲載写真の一部を快くご提供いただいた。感謝申し上げる。地域社会とかかわりあいながら歴史研究をすることの意義と重要性を教えてくださった、立命館大学文学部の木立雅朗先生と田中聡先生にも、この場をお借りして感謝の言葉を申し述べたい。

本書をなんとかここまで書き進めることができたのは、岩波書店編集部の飯田建氏のおかげである。執筆が滞りがちななか、何度も研究室まで足を運んでくださって、原稿に目を通し、実直かつ鋭い感想を寄せてくださった。行き詰まって書けなくなったときには、共に考えてくださった。氏の文字通りの伴走なくして、本書を書き上げることはできなかった。ここに記して感謝申し上げる。

二〇二二年七月

三枝暁子

参考文献

はじめに

網野善彦『日本中世の民衆像―平民と職人―』岩波新書、一九八〇年、のち『網野善彦著作集第八巻　中世の民衆像』岩波書店、二〇〇九年に所収
網野善彦「西の京と北野社」『網野善彦著作集第十三巻　中世都市論』岩波書店、二〇〇七年、初出は一九九一年
小野晃嗣「北野麴座に就きて」『日本中世商業史の研究』法政大学出版局、一九八九年、初出は一九三一年
小野晃嗣「中世酒造業の発達」『日本産業発達史の研究』法政大学出版局、一九八一年、初出は一九三七年

第一章

淺井與四郎『北野の史実』北野天満宮、一九九八年
出雲路敬直「大路小路　上京の史蹟その22　天神通」『上京―史蹟と文化―』四〇号、二〇一一年

井上満郎「古代の御霊信仰」上田正昭編『天満天神―御霊から学問神へ―』筑摩書房、一九八八年
大山喬平「ムラを忘れた歴史学―敷きます神の中世的形態―」『日本中世のムラと神々』岩波書店、二〇一二年、初出は二〇〇九年
上川通夫「摂関期仏教成立の歴史的前提」『日本中世仏教形成史論』校倉書房、二〇〇七年、初出は二〇〇四年
河音能平『天神信仰の成立―日本における古代から中世への移行―』塙書房、二〇〇三年
北村優季「平安京の解体」『平安京―その歴史と構造―』吉川弘文館、一九九五年
久米舞子「平安京「西京」の形成」『古代文化』六四巻三号、二〇一二年
佐藤進一「室町幕府論」『岩波講座日本歴史　第7巻中世[3]』岩波書店、一九六三年
佐藤進一『日本の歴史9　南北朝の動乱』中央公論社、一九六五年
瀬田勝哉「荘園解体期の京の流通」『増補　洛中洛外の群像―失われた中世京都へ―』平凡社、二〇〇九年、初出は一九九三年
高橋康夫「「六町」の景観と構造」『京都中世都市史研究』思文閣出版、一九八三年、初出は一九七八年
高橋康夫「土御門四丁町の形態と構造」前掲書、初出は一九七九年
戸田芳実「王朝都市論の問題点」『日本史研究』一三九・一四〇号、一九七四年
林屋辰三郎「天神信仰の遍歴」村山修一編『天神信仰』雄山閣出版、一九八三年、初出は一九七七年
藤原克己『菅原道真と平安朝漢文学』東京大学出版会、二〇〇一年

松井直人「南北朝・室町期京都における武士の居住形態」『史林』九八巻四号、二〇一五年
三枝暁子『京都　天神をまつる人びと　ずいきみこしと西之京』写真・西村豊／岩波書店、二〇一四年
三枝暁子「近世都市京都の成立」杉森哲也編『シリーズ三都　京都巻』東京大学出版会、二〇一九年
美川圭・佐古愛己・辻浩和『京都の中世史1　摂関政治から院政へ』吉川弘文館、二〇二一年
山田雄司『跋扈する怨霊―祟りと鎮魂の日本史―』吉川弘文館、二〇〇七年
脇田晴子「都市の成立と住民構成」『日本中世都市論』東京大学出版会、一九八一年

第二章

遠藤珠紀「造酒司酒麴役の成立過程」『鎌倉遺文研究』三六号、二〇一五年
小野晃嗣「北野麴座に就きて」(前出)
小野晃嗣「中世酒造業の発達」(前出)
川井銀之助「北野天満宮と七保御供所攷」上・下『史迹と美術』四一・四二号、一九三四年
五島邦治「「町人」の成立」『京都　町共同体成立史の研究』岩田書院、二〇〇四年
桜井英治「酒屋」高橋康夫・吉田伸之編『日本都市史入門Ⅲ　人』東京大学出版会、一九九〇年
桜井英治『日本史リブレット27　破産者たちの中世』山川出版社、二〇〇五年
桜井英治『日本の歴史12　室町人の精神』講談社、二〇〇一年
清水克行「足利義持の禁酒令について」『室町社会の騒擾と秩序』吉川弘文館、二〇〇四年、初出は一九

九九年
中尾七重・永井規男「川井家住宅の放射性炭素年代調査について」『日本建築学会近畿支部研究報告集　計画系』五三、二〇一三年
藤井譲治「平成二十六年三月十八日　重要文化財新指定「北野西京神人文書」について」『季刊　天満宮』二号、二〇一四年
三枝暁子『京都　天神をまつる人びと』（前出）
三枝暁子『比叡山と室町幕府―寺社と武家の京都支配―』東京大学出版会、二〇一一年
山田雄司『跋扈する怨霊』（前出）

第三章

岡田荘司「平安京中の祭礼・御旅所祭祀」『平安時代の国家と祭祀』続群書類従完成会、一九九四年
河内将芳「室町期祇園会に関する一考察」『中世京都の都市と宗教』思文閣出版、二〇〇六年、初出は二〇〇四年
久米舞子「平安京「西京」の形成」（前出）
下坂守「延暦寺大衆と日吉小五月会（その1）―馬上方一衆出現の契機―」・「延暦寺大衆と日吉小五月会（その2）―室町幕府の対大衆政策をめぐって―」『中世寺院社会の研究』思文閣出版、二〇〇一年
三枝暁子「北野祭と室町幕府」『比叡山と室町幕府』（前出）

三枝暁子「十五世紀における北野社領西京と西京神人」永村眞編『中世寺院の仏法と社会』勉誠出版、二〇二一年

第四章

網野善彦「西の京と北野社」(前出)
小野晃嗣「北野麴座に就きて」(前出)
笠松宏至『徳政令—中世の法と慣習—』岩波新書、一九八三年
勝俣鎮夫「家を焼く」網野善彦・石井進・笠松宏至・勝俣鎮夫『中世の罪と罰』講談社、二〇一九年、初出は一九八三年
川井銀之助「北野天満宮と七保御供所攷」上・下(前出)
河内将芳「室町期祇園会に関する一考察」(前出)
衣川仁「閉門・閉籠と鎌倉期の延暦寺大衆」『中世寺院勢力論—悪僧と大衆の時代—』吉川弘文館、二〇〇七年
桜井英治『日本の歴史12　室町人の精神』(前出)
桜井英治「中世・近世の商人」桜井英治・中西聡編『新体系日本史12　流通経済史』山川出版社、二〇〇二年
佐々木創「文安の麴騒動—西京神人「閉籠」の歴史—」京都文化博物館編『北野天満宮　信仰と名宝—天

神さんの源流―』思文閣出版、二〇一九年
清水克行「足利義持の禁酒令について」（前出）
清水克行「正長の徳政一揆と山門・北野社相論」『室町社会の騒擾と秩序』（前出）、初出は二〇〇三年
下坂守「延暦寺大衆と日吉小五月会（その1）」・「延暦寺大衆と日吉小五月会（その2）」（前出）
豊田武『豊田武著作集第一巻　座の研究』吉川弘文館、一九八二年
中澤克昭「自焼没落とその後―住宅焼却と竹木切払―」『中世の武力と城郭』吉川弘文館、一九九九年
早島大祐「足利義政親政期の財政再建」『首都の経済と室町幕府』吉川弘文館、二〇〇六年、初出は一九九九年
三枝暁子『比叡山と室町幕府』（前出）
三枝暁子『京都　天神をまつる人びと』（前出）
三枝暁子「十五世紀における北野社領西京と西京神人」（前出）

第五章

井原今朝男「蜷川貞相の法楽和歌奉納と領主間ネットワーク」『日本史研究』五一五号、二〇〇五年
貝英幸「応仁文明乱後における膝下領の支配とその変質―北野社領西京を例にして―」『鷹陵史学』二九号、二〇〇三年
五味文彦「管領制と大名制―その転換―」『神戸大学文学部紀要』四号、一九七四年

桜井英治『日本の歴史12　室町人の精神』（前出）
志賀節子「室町期伏見庄の侍衆をめぐって―実態と身分的成立契機―」『中世荘園制社会の地域構造』校倉書房、二〇一七年、初出は二〇〇五年
杉谷理沙「戦国期酒麴専売訴訟にみる山門の京都支配―西京神人との関わりを中心として―」『立命館文学』六六八号、二〇二〇年
馬部隆弘「「堺公方」期の京都支配と柳本賢治」『戦国期細川権力の研究』吉川弘文館、二〇一八年、初出は二〇一四年
馬部隆弘「戦国期畿内政治史と細川権力の展開」『戦国期細川権力の研究』（前出）、初出は二〇一六年
早島大祐「京都商人の信仰と経営―上京野洲井と下京沢村の事例を中心に―」早島有毅編『親鸞門流の世界―絵画と文献からの再検討―』法藏館、二〇〇八年
藤田聡「戦国期室町幕府における伊勢氏」（二〇二一年度東京大学大学院人文社会系研究科修士論文）
三枝暁子「フィールドワークで探る中世―西京の歴史と現在―」『日本史研究』六七八号、二〇一九年
三枝暁子「十五世紀における北野社領西京と西京神人」（前出）
山田康弘『戦国期室町幕府と将軍』吉川弘文館、二〇〇〇年

第六章

石津裕之「神社・門跡・社僧―宮寺としての近世北野社―」『日本史研究』六六六号、二〇一八年

伊藤真昭『京都の寺社と豊臣政権』法蔵館、二〇〇三年
小野晃嗣「京都の近世都市化」『近世城下町の研究・増補版』法政大学出版局、一九九三年、初出は一九四〇年
桜井英治「中世・近世の商人」(前出)
中村武生「豊臣政権の京都都市改造」日本史研究会編『豊臣秀吉と京都―聚楽第・御土居と伏見城』文理閣、二〇〇一年
三枝暁子「秀吉の京都改造と北野社」『立命館文学』六〇五号、二〇〇八年
三枝暁子「豊臣秀吉の京都改造と「西京」」吉田伸之・伊藤毅編『シリーズ伝統都市1　イデア』東京大学出版会、二〇一〇年
三枝暁子『比叡山と室町幕府』(前出)
三枝暁子「フィールドワークで探る中世―西京の歴史と現在―」(前出)
吉田伸之「公儀と町人身分」『近世都市社会の身分構造』東京大学出版会、一九九八年、初出は一九八〇年

第七章

小川文子・金井秀子・藤山喜美子「瑞饋祭」『京都園芸』一〇三集、二〇一九年、初出は一九四三〜一九四四年カ

川井銀之助「北野天満宮と七保御供所攷」上・下（前出）
斎藤望編『大将軍神像と社史』大将軍八神社、一九八五年
三枝暁子「フィールドワークで探る中世—西京の歴史と現在—」（前出）
鷲尾順敬「北野神社神仏分離調査報告」村上専精等編『明治維新神仏分離史料』上巻、一九二六年

図表出典一覧

p. 5：角田文衞総監修，古代学協会・古代学研究所編『平安京提要』角川書店，1994 年をもとに作成

p. 24：高橋康夫・吉田伸之・宮本雅明・伊藤毅編『図集 日本都市史』東京大学出版会，1993 年

p. 28：『新日本古典文学大系 61　七十一番職人歌合　新撰狂歌集　古今夷曲集』岩波書店，1993 年

p. 73：京都市編『京都の歴史 4　桃山の開花』学藝書林，1969 年の別添地図をもとに作成

p. 75，p. 110：三枝暁子『比叡山と室町幕府―寺社と武家の京都支配―』東京大学出版会，2011 年（一部改めた）

p. 137：野間光辰編『新修京都叢書』第 7 巻，臨川書店，1994 年

p. 160：北野神社社務所編『北野誌』首巻天，國學院大學出版部，1910 年

p. 163（上），p. 166（右）：西村豊氏提供

p. 167：『京都　天神をまつる人びと―ずいきみこしと西之京―』岩波書店，2014 年

＊記載のないものは著者撮影

三枝暁子

1973年生まれ．東京大学大学院人文社会系研究科博士課程単位取得退学．博士(文学)
現在―東京大学大学院人文社会系研究科准教授
専攻―日本中世史
著書―『比叡山と室町幕府』(東京大学出版会)，『京都　天神をまつる人びと』(写真・西村豊，岩波書店)，『京都の歴史を歩く』(共著，岩波新書)，『古代・中世の地域社会』(共編，思文閣出版)ほか

日本中世の民衆世界
――西京神人の千年　　岩波新書(新赤版)1942

2022年9月21日　第1刷発行

著　者　三枝暁子《みえだあきこ》

発行者　坂本政謙

発行所　株式会社 岩波書店
〒101-8002 東京都千代田区一ツ橋2-5-5
案内 03-5210-4000　営業部 03-5210-4111
https://www.iwanami.co.jp/

新書編集部 03-5210-4054
https://www.iwanami.co.jp/sin/

印刷・理想社　カバー・半七印刷　製本・中永製本

ISBN 978-4-00-431942-9　　Printed in Japan

岩波新書新赤版一〇〇〇点に際して

ひとつの時代が終わったと言われて久しい。だが、その先にいかなる時代を展望するのか、私たちはその輪郭すら描きえていない。二〇世紀から持ち越した課題の多くは、未だ解決の緒を見つけることのできないままであり、二一世紀が新たに招きよせた問題も少なくない。グローバル資本主義の浸透、憎悪の連鎖、暴力の応酬――世界は混沌として深い不安の只中にある。

現代社会においては変化が常態となり、速さと新しさに絶対的な価値が与えられた。消費社会の深化と情報技術の革命は、種々の境界を無くし、人々の生活やコミュニケーションの様式を根底から変容させてきた。ライフスタイルは多様化し、一面では個人の生き方をそれぞれが選びとる時代が始まっている。同時に、新たな格差が生まれ、様々な次元での亀裂や分断が深まっている。社会や歴史に対する意識が揺らぎ、普遍的な理念に対する根本的な懐疑や、現実を変えることへの無力感がひそかに根を張りつつある。そして生きることに誰もが困難を覚える時代が到来している。

しかし、日常生活のそれぞれの場で、自由と民主主義を獲得し実践することを通じて、私たち自身がそうした閉塞を乗り超え、希望の時代の幕開けを告げてゆくことは不可能ではあるまい。そのために、いま求められていること――それは、個と個の間で開かれた対話を積み重ねながら、人間らしく生きることの条件について一人ひとりが粘り強く思考することではないか。その営みの糧となるものが、教養に外ならないと私たちは考える。歴史とは何か、よく生きるとはいかなることか、世界そして人間はどこへ向かうべきなのか――こうした根源的な問いとの格闘が、文化と知の厚みを作り出し、個人と社会を支える基盤としての教養となった。まさにそのような教養への道案内こそ、岩波新書が創刊以来、追求してきたことである。

岩波新書は、日中戦争下の一九三八年一一月に赤版として創刊された。創刊の辞は、道義の精神に則らない日本の行動を憂慮し、批判的精神と良心的行動の欠如を戒めつつ、現代人の現代的教養を刊行の目的とする、と謳っている。以後、青版、黄版、新赤版と装いを改めながら、合計二五〇〇点余りを世に問うてきた。そして、いままた新赤版が一〇〇〇点を迎えたのを機に、人間の理性と良心への信頼を再確認し、それに裏打ちされた文化を培っていく決意を込めて、新しい装丁のもとに再出発したいと思う。一冊一冊から吹き出す新風が一人でも多くの読者の許に届くこと、そして希望ある時代への想像力を豊かにかき立てることを切に願う。

（二〇〇六年四月）

岩波新書より

日本史

上杉鷹山 「富国安民」の政治　小関悠一郎
藤原定家『明月記』の世界　村井康彦
性からよむ江戸時代　沢山美果子
景観からよむ日本の歴史　金田章裕
律令国家と隋唐文明　大津透
伊勢神宮と斎宮　西宮秀紀
百姓一揆　若尾政希
給食の歴史　藤原辰史
大化改新を考える　吉村武彦
江戸東京の明治維新　横山百合子
戦国大名と分国法　清水克行
東大寺のなりたち　森本公誠
武士の日本史　髙橋昌明
五日市憲法　新井勝紘
後醍醐天皇　兵藤裕己
茶と琉球人　武井弘一

近代日本一五〇年　山本義隆
語る歴史、聞く歴史　大門正克
義経伝説と為朝伝説 日本史の北と南　原田信男
出羽三山 山岳信仰の歴史を歩く　岩鼻通明
日本の歴史を旅する　五味文彦
一茶の相続争い　高橋敏
鏡が語る古代史　岡村秀典
日本の近代とは何であったか　三谷太一郎
戦国と宗教　神田千里
古代出雲を歩く　平野芳英
自由民権運動 〈デモクラシー〉の夢と挫折　松沢裕作
風土記の世界　三浦佑之
京都の歴史を歩く　小林丈広・高木博志・三枝暁子
蘇我氏の古代　吉村武彦
昭和史のかたち　保阪正康
「昭和天皇実録」を読む　原武史
生きて帰ってきた男　小熊英二

遺骨 戦没者三一〇万人の戦後史　栗原俊雄
在日朝鮮人 歴史と現在　水野直樹・文京洙
京都〈千年の都〉の歴史　髙橋昌明
唐物の文化史◆　河添房江
小林一茶 時代を詠んだ俳諧師　青木美智男
信長の城　千田嘉博
出雲と大和　村井康彦
女帝の古代日本　吉村武彦
秀吉の朝鮮侵略と民衆　北島万次
コロニアリズムと文化財　荒井信一
特高警察　荻野富士夫
朝鮮人強制連行　外村大
古代国家はいつ成立したか　都出比呂志
渋沢栄一 社会企業家の先駆者　島田昌和
漆の文化史　四柳嘉章
平家の群像 物語から史実へ　高橋昌明
シベリア抑留　栗原俊雄

岩波新書より

アマテラスの誕生	溝口睦子
遣唐使	東野治之
戦艦大和 生還者たちの証言から	栗原俊雄
中世日本の予言書	小峯和明
歴史のなかの天皇◆	吉田孝
沖縄現代史〔新版〕	新崎盛暉
刀狩り	藤木久志
戦後史	中村政則
明治デモクラシー	坂野潤治
環境考古学への招待	松井章
源義経	五味文彦
明治維新と西洋文明	田中彰
奈良の寺	奈良文化財研究所編
西園寺公望	岩井忠熊
日本の軍隊	吉田裕
聖徳太子	吉村武彦
東西／南北考	赤坂憲雄
江戸の見世物	川添裕
日本文化の歴史	尾藤正英

熊野古道◆	小山靖憲
日本の神々	谷川健一
南京事件	笠原十九司
日本社会の歴史 上・中・下	網野善彦
神仏習合	義江彰夫
従軍慰安婦	吉見義明
中世に生きる女たち	脇田晴子
考古学の散歩道	田中琢・佐原真
武家と天皇	今谷明
中世倭人伝	村井章介
琉球王国	高良倉吉
昭和天皇の終戦史	吉田裕
幻の声 NHK広島8月6日	白井久夫
西郷隆盛	猪飼隆明
象徴天皇制への道	中村政則
正倉院	東野治之
軍国美談と教科書	中内敏夫
日中アヘン戦争	江口圭一

青鞜の時代	堀場清子
子どもたちの太平洋戦争	山中恒
江戸名物評判記案内	中野三敏
国防婦人会	藤井忠俊
日本文化史〔第二版〕	家永三郎
平将門の乱	福田豊彦
日本中世の民衆像◆	網野善彦
神々の明治維新	安丸良夫
戒厳令	大江志乃夫
漂海民	羽原又吉
真珠湾・リスボン・東京	森島守人
陰謀・暗殺・軍刀	森島守人
東京大空襲	早乙女勝元
兵役を拒否した日本人	稲垣真美
演歌の明治大正史	添田知道
天保の義民	松好貞夫
太平洋海戦史〔改訂版〕	高木惣吉
太平洋戦争陸戦概史	林三郎
近衛文麿	岡義武

(2021.10)　◆は品切，電子書籍版あり．　(N2)

岩波新書/最新刊から

1933 **空海** 松長有慶 著

空海の先駆的な思想を、密教研究の第一人者で高野山に暮らす著者が書物や手紙から解き明かす。『密教』『高野山』に続く第三弾。

1934 **応援消費** ―社会を動かす力― 水越康介 著

「食べて応援」、ふるさと納税、推しのアイドル……新しい「お金の使い方」が体現する新時代のマーケティング思考のメカニズム。

1935 **哲人たちの人生談義** ストア哲学をよむ 國方栄二 著

「幸福とは何か」という問いに身をもって対峙したエピクテトス、セネカ、マルクス・アウレリウスらストア派の哲学を解読。

1936 **曾国藩** 「英雄」と中国史 岡本隆司 著

太平天国の乱を平定した、地味でマジメな秀才。激動の一九世紀にめぐりあわせた男を、中国史が作り出した「英雄」像とともに描く。

1937 **森鷗外** 学芸の散歩者 中島国彦 著

多芸な小説家、旺盛な翻訳家、エリート軍医、優しいパッパ。様々な顔をもつ鷗外の人生と仕事を、同時代の証言と共に辿る決定版評伝。

1938 **アメリカとは何か** 自画像と世界観をめぐる相剋 渡辺 靖 著

今日の米国の分裂状況を象徴するアイデンティティ・ポリティクス。その実相は？ トランプ後の米国を精緻に分析、その行方を問う。

1939 **ミャンマー現代史** 中西嘉宏 著

ひとつのデモクラシーがはかなくも崩れ去っていった。軍事クーデター以降、厳しい弾圧が今も続くミャンマーの歩みを構造的に解説。

1940 **江戸漢詩の情景** ―風雅と日常― 揖斐 高 著

漢詩文に込められた想い、悩み、人生の悲喜こもごも……。人びとの感情や思考を広く掬い上げて、江戸文学の魅力に迫る詩話集。